我的思考，我的光

考える力、やり抜く力 私の方法

諾貝爾獎得主——中村修二

創新突破的7個思考原點

中村修二

SHUJI NAKAMURA

著

林慧雯、陳柏傑、郭介懿 譯

2014 年 12 月 10 日中村修二由瑞典國王手中領取諾貝爾物理學獎的殊榮

中村修二親手打造每個實驗設備，完成別人口中
不可能的任務，以全新的方式照亮世界

中村修二期望每個社會都能「讓人做自己喜歡的事，
並得以體面生存之」。

中央研究院院長 翁啟惠

不尋常之努力，
得不尋常之成就

　　成功的背後往往有一段辛苦的歷程，從事研究工作也不例外。中村修二先生憑著他的理想、興趣與決心，不斷的思考如何研發出藍光二極體的新技術。在他的研究過程中遭到相當多的波折，以及服務單位的不配合和不諒解，最後他決定求去，另換新環境，以繼續追求他的目標。最後受聘於加州大學聖塔芭芭拉分校，繼續專注於他的研究，終於做出解決能源與環境問題的重大貢獻，發明了藍色發光二極體，也帶動了 LED 及多色源的影像技術之發展，並且獲得諾貝爾獎之殊榮。他的經歷與研究過程非常不尋常，值得大家省思及學習。

中央研究院院士 張俊彥

重大突破來自擊不退的
熱忱和瘋狂的點子

　　中村先生有他對科學的執著，和對教育、科學、經濟的獨到看法，很值得我們深思。他不僅對日本，甚至對中國、印度和台灣的教育也很有意見，認為這些國家都是「被動式學習」而非「主動式學習」，所以創新能力都低於西方國家。

　　他自己的學士和碩士學位都是在德島大學取得，打破了日本人對名校的迷思。而我的經驗是，只要有「主動學習」的精神和熱忱，不管名校或非名校，都有機會在國際上出人頭地，至少可以在世界頂尖的論文會議上獲得認同和讚賞，甚至對學術或產業做出驚人貢獻。中村先生不僅勤奮自學，

更具有強烈的求知慾，堪稱自我學習的典範。

他對日本的經濟，尤其是日本的電機電子產業，如夏普、索尼、松下電器以及富士通等大企業連年虧損，有深刻的感受和看法，認為日本的產品雖堪稱世界第一，但因產業體質過於僵化、經營成本太高，且不夠國際化，以致造成連年虧損，實在很可惜。但若能和台灣密切合作，就有機會轉虧為盈，求得雙贏。而我自己最近幾年也義務推動台日間的產業合作，亦有不錯成績。

二〇一二年十月，香檳伊利諾大學舉辦 LED 發明五十週年紀念會，我和他都應邀演講。會中他特別推讚郭浩中和我的學生所致力的「面發射雷射 (VCSEL)」研究，也感念何倫亞克（Nick Holonyack）教授對 LED 的發明，因為沒有他，就沒有他今天的成就。

二〇一四年聽聞中村先生獲頒諾貝爾物理學獎，我馬上邀請他訪台，他表示雖已有上萬封來自全球各地的邀請，但因喜歡台灣，也就馬上答應我的邀約。今年四月他遂在我的邀請下，前來交大講演，並參訪台灣產業，對於晶元光電、億光電子等公司讚譽有加，留下深刻印象，並且希望未來有更多、更進一步的合作。

他也表示台灣的產業界營運靈活，人才輩出，可信賴度高，國際行銷能力也很優異。相對於台灣企業的快速反應，日本產業的應變力則顯遲緩，因此丟掉了許多機會。他也感受到台灣學生對理工科仍具熱忱，而日本和美國卻逐漸消失，但因美國有很多來自海外的留學生加入，問題不如日本嚴重。

很高興能在這次訪台的行程中，安排他與馬英九總統會面，讓他了解台灣對非洲國家的援助工程，而其中太陽能發電站和 LED 照明是最受當地歡迎的建設，中村先生也希望未來有更多機會了解台灣。

問起中村先生對未來的願景，他表示自己目前正致力於更高效率和節能的雷射發光和通信結合的研究。

不過，他對日本的法律也有些意見，認爲日本社會過於資本主義化，導致法院偏向企業，個人創新反而不受重視。此外，他也對日本人的語言能力有些失望，英語能力不足，使得日本國際化的腳步緩慢，錯失許多先機，而這也許是台灣可以借鏡的地方。

他曾私下向我表示，日本有些獎項說他只不過是「發展了 LED 的製造技術」，但我告訴他：「你做了重要的科學

性突破 (scientific breakthrough)」，他很是欣慰。我一直認為做研究就要做沒有人做過的東西，年輕人應該要有擊不退的熱忱和「瘋狂的點子（crazy idea）」，並且不怕失敗。

《數位時代》創辦人 詹偉雄

找光的人：
孤鷹的困鬥，激發破格的創造力

　　找光的人，多少都帶著亮眼的故事。

　　中村修二是二○一四年諾貝爾物理獎的得主，他在一九九三年以突破性的工法，研發出以「氮化銦鎵（InGaN）」為基底的藍色發光二極體（LED），被稱做為「愛迪生後的第二次照明革命」，他也因這項改變人類影像世界的發明，而獲得「藍光教父」的稱號。

　　愛迪生是白熾燈泡的發明者，當人類的黑夜在十九世紀末大放光明那一刻，東西社會共同的興奮可想而知。然則，一個世紀過後，科學家們逐漸發現，靠著電流通過阻抗產生

熱能以迸放亮光的古法，實在太耗能源，而在新興的半導體世界中，直接透過電子的激發而產生光的「發光二極體」，不僅比較環保（不產生熱能），而且更具效率（一顆 LED 燈泡每瓦可發出 83 流明的光，省電燈泡是 67 流明，白熾燈泡只有 16 流明），可想而知，這是巨大無比的生意，紅光和綠光的二極體很快就被研發出來，也迅速市場化，但關鍵的缺角在於藍光二極體。

因為紅光、綠光加上藍光，才能組合成白光，有了白光，再透過三原色光比例的變化，科技便可再現人類肉眼可見的各種顏色。而為什麼會缺藍光呢？因為藍光的波長比較短，開發難度高，當年各種半導體材料的開發嘗試中，無一能達到夠商品化的亮度、穩定度和良率。

九〇年代初的中村修二，是日本四國德島縣一家中小企業日亞化學的研發員工，他擁有一股對實驗室工作的熱情，對未知懷抱好奇，也獲得公司最高決策者給予的資金支持，但除此之外，周遭的同事、同行、上下游廠商、主管、董事會成員幾乎都對他投以嘲諷的眼光，尤其當他數次不遵守公司決議，擺明不甩企業倫理、不融入組織文化後，這種「個人 vs. 集體」的對抗也就變本加厲。

　　哪知道，這種由孤鳥到孤鷹的困鬥，卻激發出中村破格的創造力，在一次對製程的關鍵反思裡，他察覺到調整氨與氮兩股氣流對著攝氏 1000 度藍寶石基板的噴射方向，不僅可防止腐蝕性的氨氣干擾加熱器的運作，而且還可以產出高規格的氮化銦鎵藍光二極體，他據此加以研究改良，發明出「雙氣流 MOCVD 裝置」，得以穩定產出高亮度藍光二極體，自此，發光二極體世界的全光域大放光明。

　　從眼前的筆記型電腦螢幕，到客廳的大尺寸液晶電視，以迄於你隨手從褲袋和皮包掏出的智慧型手機；從電影院裡的數位投影機，到公路上的紅、綠、黃號誌燈，從醫院、機場、學校到音樂會場的照明光源，中村修二創造了全球數兆美元的新市場，但他和愛迪生的命運卻大相逕庭。

　　愛迪生靠著他的發明，衍生出後來的奇異電器（GE），這家美國道瓊指數創立以來唯一一家長期保有「指數成分股」身分的長青企業，為家族後代創造可觀的財富（二○一五年七月中奇異公司總市值為 2667 億美元），但中村修二收到日亞化學所給予的研發獎金，卻只有區區兩萬日圓。

　　這樣懸殊的待遇，最終導致中村離開了日亞化學，也放棄了日本國籍，上個世紀末，他移居美國加州，擔任加大聖

塔芭芭拉分校教授，也成了一名「美國人」，當他成名後，他毫不吝惜地運用他的「話語權」嚴厲批判日本社會、制度與日本企業，甚至從二○○四年起，發起了一場和母公司之間的龐大專利權訴訟。去年，他獲得諾貝爾獎，面對記者，他高分貝陳述：「憤怒是我全部的動因，如果沒有憋著一肚子氣，就不會成功」、「每個人都有機會做美國夢，如果你努力工作，每個人都有機會！但在日本就不是這樣！」、「直到今天，日本公司仍然不願承擔風險進行研發，也不願為員工的智力成果提供補償」。

中村的憤怒，不禁讓人想起野茂英雄。

野茂是一九八八年在漢城奧運奪下棒球銀牌的日本隊當家投手，以怪異的龍捲風式投球法，接二連三寫下三振紀錄，當他加盟日本職棒時，十二支球隊裡居然有八隊指名第一順位要選他，從一九九○到一九九三，連續四年，他都拿下勝投王與三振王。從專業的角度看，野茂和中村一樣，都是具有超凡技藝的傑出個人，但日本社會面對這些冒出大眾一大截的「天才」時，採取的策略卻不是幫他們搭建一個可以伸手摘星的高台，而是把他們壓回蕭規曹隨的「團隊紀律」中，強要他們為其他庸碌的同伴做出更大的犧牲（野茂

曾在九天內投了 503 球，為球隊取得三場勝利）。一九九四年，野茂想要遠赴美國挑戰大聯盟，他所屬的近鐵球團百般刁難，因為就日本傳統而言，職業球員簽約後即屬球團資產，球員行使自由意志無異於忤逆倫理，搖撼組織的基石，然而，野茂的人氣也讓他獲得廣大球迷的不平之鳴，最終，雙方達成了某種檯面下的協議，由野茂在他的 26 歲青壯年紀宣布「退休」後，再由美國洛杉磯道奇隊與他簽下一份小聯盟合約，以保全球團的顏面。

九〇年代中的野茂英雄，在美國職棒掀起不小巨浪，他曾分別在國家聯盟和美國聯盟都投出一場「無安打比賽」，在大聯盟百餘年歷史中只有五人。更重要的啟發是：野茂的衝撞，為傑出的日本球員打開了通往美國大聯盟的大門，鈴木一朗、松井秀喜、松坂大輔、達比修有等在日本已經俾倪超群的球員，才得以擺脫吃人均大鍋飯的宿命，帶著他們的技藝往前精進。

中村修二和野茂英雄都發跡於九〇年代，也就是日本泡沫經濟崩壞後，社會無盡沉淪的黑暗時期，組織裡，年功序列的隱形倫理遮掩了知識、能力、工具都失靈的真相；開不完的會議與做不完的報告，使每個人都均分了失敗的責任，

也因而找不到破繭而出的力量。

中村與野茂，在那個年代，以一己的事功向那個集體化的社會做出最決絕的反叛，從今日的角度看來，並非偶然，他們代表著某群夠數量的日本新生代，不再依循社會規範好的成長之路，按部就班地步上「組織人」的他律人生命運，而是依靠著自己在生活中各種「實作體驗」（practicing experience）所獲得的直覺和反思，實踐著「自己的人生自己救」的自律人生航圖，從這個角度來看，「美國」成為他們的新祖國，不免讓人傷感，因為許多日本同胞在因他們的英雄化行徑深獲鼓舞時，同時也得承擔一絲自身庸碌的指控與刺痛。

也許，我們可以用更深邃的視野，來看待憤怒的中村與他所處的日本社會，或者我們共同的東亞集體性社會。

東亞社會的「集體性」，有其複雜的來歷，一個比較沒有爭論的社會分析是：耕作水稻的農業社會，需要極高密度的勞動力投入（播種、插秧、灌溉、防蟲、收割……，無一不費心、費工），因而，一個相互支持的人倫家族，確定了以經驗和資歷為基礎的知識譜系（儒家思想），也確保著一個威權的領導架構和一組牢靠的社會紐帶，使得集約式的

水稻生產能在動盪的自然和社會條件下，無畏地代代傳承。在集體性的社會中，確實，老弱鰥寡婦孺孤獨者，皆有所養，但引以為犧牲的，則是那些秀異的，被視為怪胎的「個性人」。

西方的工業革命，發源於個人主義，也回饋茁壯著個人主義，在農業社會，一位傑出的農夫並無法改變自身命運，更別提改變世界了，但在工業社會，一個創業家有了龐大的工業生產線做後盾，一個神妙的點子便可輕易改變人類生活、改寫自身的歷史。在接軌西方個人主義為導航的工業革命時，日本企業曾經以「集體性」的互助（以 JIT 流水線聞名的「豐田式生產」最知名）創造過驚人的榮光，然而，當經濟體必須要以「史無前例的創造」（unprecedented creation）來超越「按部就班的創新」（incremental innovation），以推動下一輪的經濟成長時，日本的難題就來了：「破壞式創新」倚靠的，不是同甘共苦的集體，而是獨特生命經驗的個人。

中村修二的故事，訴說著九〇年代日本社會面對轉型時的巨大糾葛與苦痛，其實，這何嘗不是台灣社會今日所遭遇的難題？一套由上一代所試煉、發揚、精製的成功學，透過

指責性的論述，透過資本權力關係的誘導，透過隱晦的社會階序排比，意欲將年輕人拉入那曾創造「台灣奇蹟」的集體性世界，每年年底，強調「同甘共苦」的電子業尾牙一家比一家盛大，謳歌著犧牲個人的現身感，苦澀的則是幾千人盛會中那三、兩個生著悶氣的「中村修二」或「野茂英雄」，那擁有著獨特生命經驗的「個性人」。

《我的思考，我的光》中那一縷最有意思的藍光，也許就是中村說的：「當你做出史無前例的工作成果時，所油然生出的一種宇宙漫遊快感，就像是一個人，在誰也未曾踏進過的宇宙中旅行一樣」，這般的漂浮、自由、自在與自足，擷抗著來自現世與眾人最強大的壓力，居然能平分秋色。所以，你的光呢？

和沛科技創辦人暨總經理 翟本喬

放膽走無人之徑，
始能立於不敗之地

　　中村修二在成功製造出高亮度藍色發光二極體之後一夕成名，最後獲得諾貝爾物理獎。從二十五歲碩士畢業，進入公司擔任基本的研究工作八年之後，展開了追逐藍色發光二極體的夢想，六年後終於成功。但令他名聲大噪的另一個事件，則是十年後控告原公司求償，這在日本這樣擁有堅定傳統企業文化的社會，幾乎是無法想像的事情。在這將近四十年的研究生涯之中，他到底經過了什麼樣的心路歷程？是什麼因素，讓他能夠擁有今天的成功？

　　從進入職場一開始，中村就觀察到日本大公司裡的一些

不合理現象：

- 每個人安於當小螺絲釘，產品的銷售狀況和研發無關。
- 產品成功時歸功於上級領導有方，長官睿智英明。
- 成績不佳時怪罪到實驗室現場努力研發的工蜂。

在面對這種強大而又僵化的傳統制度時，他並沒有投降，但也沒有悍然拒絕。他是在做出了三項成功的產品，建立起了自己的信譽之後，決定放手一搏。「不管是否違抗公司命令，只要我能爲公司帶來利潤就應該放手去做」是他的信念，而這正如同 Google 這種新創公司對員工的期許。所以，他被朋友說「個性很像美國人」，不是只針對移民美國的部分而言。「人應該要先做自己眞正想做的事」這種行事風格，是他成功的第一個條件。

而他在選擇研發的主題時，觀察到了所謂的「人生勝利組」（一流大學畢業、進入一流大企業工作的精英），在選擇目標時的保守做法。這些人會先做好調查，根據現有資料來計算成功的機率，如果勝算不高的話，就會心安理得地放

棄。而成功機率高的做法，即便已經是紅海，也會努力投入潮流，期待自己也許可以比別人稍快一步。這並不是日本特有的現象，他發現國際性的企業和學術界，在對藍色發光二極體的研究上，也有同樣的情形。

但中村看出了這種做法的根本問題。跟隨潮流，在失敗時總是可以安全地推卸責任，宣稱別人只是快了一步，歸因於公司給的資源不夠。這樣雖然能讓你個人立於不敗之地，但卻也讓公司立於不勝之地。因為在這麼多競爭者投入的情形下，成為領先者的機會可說是微乎其微。所以，他的選擇是投入別人認為太困難（注意！不是理論上已經證明不可行！）而成功機會不高的方法，然後努力找出克服這些困難的方法。

這種事情其實在現實生活中層出不窮，例如，三國歷史上有名的魏延出子午谷建議，一千多年來在歷史上引起許多討論。孔明堅持「出祁山」的中心思想，結果始終功虧一簣；如果改變想法，以子午谷奇兵為中心，未嘗不能建構出一套成功的戰略。看穿所謂「穩贏」路線的必敗命運，避開它而走一條無人之徑，是他成功的第二個關鍵，這也是台灣企業最需要學習的地方。

　　而當中村走在「無人之徑」時，是非常孤獨的。不但事業上沒有得到支持，在日常工作上也欠缺必要的資源，有大量的儀器是業界沒有人生產的，他必須自己動手做。他從進入職場之初，就已經習慣這種做法，每天焊接的石英管累積下來，恐怕比很多技職體系出身的工人還多。這種能力的培養，讓他可以自己製造特殊的儀器，來驗證獨特的設計，不必依賴供應商緩慢的反應，和誤解的風險。但若只有「天才型直覺」而沒有「技職型直覺」，很可能淪為嘴炮王，找不出失敗的原因。不輕忽細枝末節，凡事親力親為，是他成功的第三個要素，也是今天台灣普設大學，讓技職教育不受重視之後的另一個隱憂。

　　中村自認在一生中，遭受三次重大的屈辱，而每一次都讓他奮發向上，開啟了人生新的一頁。第一次是在工作上尚未交出成績，被公司的人罵是廢物垃圾，使他決心要做出公司做不出來的東西；第二次是在留學時，因為沒有博士學位而被同學看不起，讓他對自己發誓，一定要寫出令他們刮目相看的論文；第三次則是因為藍色發光二極體成名之後，被美國朋友發現其實日本企業不重視獎勵有研發產出的員工，而替他取了「奴隸中村」的外號，讓他領悟到日本社會制度

的不合理，終於決定移民美國。

這些現象我們在台灣也看得到：短視近利、迷信學位和慣老闆。我們從本書中學習中村的人生經驗之餘，也要省思：我們該如何改變，才能善用人才？

根據這幾年我對業界的觀察發現，台灣由於社會開放，年輕人勇於衝撞，使得我們比日本有更好的機會。希望藉由這本書，為讀者指出更多的思考和改進方向，共同建構更有營養的人才成長沃土，培養出更強大的競爭力。

———————————————————— 暢銷作家 褚士瑩

那些珍貴的失敗

　　「成功」這兩個字多麼迷人。我們多麼想要追隨成功者的腳步，成為下一個成功者，這也是為什麼名人的傳記，總是擁有這麼多的讀者。

　　但是，閱讀諾貝爾物理學獎得主、世稱「藍光之父」中村修二的《我的思考，我的光》後，卻發現他回溯發明高亮度藍色發光二極體，帶來明亮節能白色光源的過程中，大部分的時間，都用來談他的「失敗」。就像他在書中引述本田技研工業創辦人本田宗一郎所說的：「若說我現在是成功的，那麼我的過去就是由所有的失敗所建立，而工作是失敗的連續。」

　　當一個人走在自己夢想的道路上時，自然顯得自在從容，無論成功失敗都一樣。

　　失敗或成功，跟現實關係很微小，但跟「自我認定」的關係卻很大。自己覺得過著很棒的人生的人，自然會讓別人羨慕，眞正羨慕的不是他們所做的事，而是那份愛。

　　與其功成名就，我更希望自己能夠一直當一個掘井人，永遠走在夢想的路上，無論有沒有挖到湧泉，都深信自己是個得到老天眷顧的幸運兒。只要還活著，生命就還不斷在變化著，不要停下來。尤其四十歲以後，更要記得，只要生命還沒到終點，就還沒有定型，我們都還在不斷成長、變化，直到有一天，我們都將成爲有故事的人。

　　到頭來，中村修二或是其他偉大的成功者，用他的生命娓娓道來一個又一個的故事，而眞正的失敗者，是那些選擇簡單的道路，活漫長的一輩子，卻沒有故事的人。

中村修二諾貝爾得獎感言

完成別人口中
不可能的任務，照亮世界

　　尊敬的國王、王后陛下、各位女士、各位先生、各位同
事以及朋友，在此謹代表共同得獎者赤崎勇教授、天野浩教
授，感謝諾貝爾獎評選委員會成員，以及瑞典皇家科學院成
員，頒獎給我們所發明的節能藍光 LED，以及它所帶來的
明亮而節能的白色光源。

　　諾貝爾（Alfred Nobel）希望這個獎項能夠頒給「在過
去一年裡，為人類帶來最大利益」的物理發明或發現，因
此，對於以 LED 照明世界，並深深造福人類一事，我們至
感榮幸。

　　現在大家可以在超市買到節能的 LED 燈泡，為地球節省能源。因為 LED 照明比傳統白熾燈泡節能十倍，能夠大幅降低地球耗能，我相信 LED 也能同時減少全球暖化現象。

　　此外，LED 還可以結合太陽能電池，提供全球十五億尚無電力可用的人口持續照明，而且不但極具成本效益，且乾淨又安全，它確實時時照亮了這個世界。

　　赫伯特．克勒默（Herbert Kroemer）是我在美國加州大學聖塔巴巴拉分校（UCSB）的同事，也是二〇〇〇年諾貝爾物理獎得主。對於我們發明的 LED 照明，他表示：「我們不只是在談論怎麼把事情做得更好而已，而是要做到過去從未能做到的事。你們已永遠改變了這個世界，現在人人都能體驗 LED 照明。」

　　在此，我想講個勵志的小故事。一九八〇年代，我們著手研究藍光 LED 時，一再有人告知我們是使勁在做一件不可能的事。

　　但我們依舊不屈不撓，經年累月努力研究，最後發展出這項新技術。

　　在赤崎勇、天野浩兩位教授以及我研究明亮藍光LED，取得突破性進展後，研發活動就出現爆炸性的發展。

數千位研究人員加入了這個領域，把我們的 LED 應用到許多領域當中，像是手機螢幕、LED 電視，乃至於 LED 照明。

我要和赤崎勇教授、天野浩教授一起再次感謝瑞典皇家科學院，頒獎給我們發明的藍光 LED 暨節能 LED 燈。我也要感謝我在日亞化學與 UCSB 的同事，還有允許我這麼努力做研究的家人。

今天，我希望每個人都能開始使用效能極佳的 LED 照明，爲地球節省能源，謝謝大家。

中村修二

2014 年 12 月 10 日

Recommended Sequence

推薦序

不尋常之努力，得不尋常之成就 翁啓惠　007

重大突破來自擊不退的熱忱和瘋狂的點子 張俊彥　008

找光的人：孤鷹的困鬥，激發破格的創造力 詹偉雄　012

放膽走無人之徑，始能立於不敗之地 翟本喬　020

那些珍貴的失敗 褚士瑩　025

中村修二諾貝爾得獎感言

完成別人口中不可能的任務，照亮世界　027

中村修二

Introduction

前言

巨大的成功皆由思考力和貫徹力開始

—我的「新天地」　039

—所有榮耀終將回歸自身的美國　041

—最接近諾貝爾獎的男人　042

—改變二十一世紀的大發明　044

chapter

第一章

01 不用能力出眾，但要有自己的風格

不要害怕「跳脫常識」 049

要為自己的「獨特」自豪 051

「雜音」總有一天會消失 052

找到自己的風格 054

立刻找到答案是件可怕的事 056

不要隨便相信「專家」 057

「相信自己做得到」很重要 059

「追求世俗成功」反而做小自己 060

原子小金剛驅動的夢想 061

喜歡「打破砂鍋問到底」的感覺 062

成績不是最重要的事 064

斯巴達式的練習無法突破 065

抱著置之死地而後生的決心鍛鍊自己 068

停止判斷是洞察事物本質的關鍵 070

每天都要空出探詢「事物本質」的時間 071

駑鈍之材也能超越神童 072

chapter

第二章

02 沒有想像力，就沒有知識和樂趣

被「不需要理論家」的松下電器拒絕 077

如隱士般埋首研究 080

千折百轉踏出現實社會第一步 083

不被世俗思維局限，那裡都能「作為」　　085

決定不讓人生鬱鬱不得志　　087

開創事業，狂妄是必要的　　089

親手打造實驗設備　　091

每天眞實上演的「造物人生」　　092

沒有想像力，就沒有智慧和用力的地方　　094

03　不要安於和別人一樣

人生最重要的是不要找做不到的理由　　099

做勞力工作時要放下人生不得志的想法　　100

淡定面對每個月兩到三次爆炸　　103

收不到商品型錄，也沒有業務來訪的鄉下　　105
小工廠

不跟從別人的路　　106

十年蟄伏，醞釀驚人成果　　108

只要看到可能性，就有未來　　110

體驗從「一百個失敗品」到「一個完成品」　　112
的過程

別聽「棄械者」的忠告　　113

交出讓人印象深刻的實績　　116

拿出「人小志氣高」的精神　　118

剷除「明哲保身」的軟弱態度　　121

誓言挑戰「本世紀無法達成的研發計畫」 124

機會不會從天而降，要用實力爭取 125

chapter

第四章

04 有企圖心，就能到你想去的地方

愛迪生式的「發想轉換」 129

巨大商機潛藏在知識圍牆外 131

用「半導體」翻轉世界 133

藍色發光二極體為兵家必爭之地 137

與其憑恃「常識」，不如賭上熱忱 138

只要精熟工作，就有能力「創新」 141

愈尖端的技術，愈需要「工匠技術」 144

無法成為愛因斯坦，也能成為愛迪生 146

留學讓我深信自己的「技術能力」 148

被忽略時，更要發憤圖強 150

與其悔恨，不如化打擊為強力動能 152

野心和無盡利益的「綜合體」 154

chapter

第五章

05 顛覆常理，才能創造不凡

避開「穩贏的」，走一條無人之徑 159

「置之死地」背後有著嚴謹的盤算 161

在常識的線上，沒有表演舞台 163

不可輕忽「看似憨慢的方法」　164

腳踏木屐登上聖母峰　167

無視電話、會議，閉關研發　169

谷底閃現的微光成為突破的關鍵　171

為什麼「藍色」只對我微笑　173

打破「常識」的高牆，跨越「不可能」的界線　175

短暫喜悅中的「大衝擊」　179

再次鼓勵「小蝦米的氣魄」　182

為理想寧成公司逆子　184

以長遠的眼光硬是「違抗命令」　185

毅力成就一連串的世界第一　187

世界才是拚鬥的舞台　190

創造出難以複製的成功　191

讓藍色發出無限光芒　193

一路成功的人難有堅強的韌性　197

06　要有別人學不來的優點

沉默的信任是無可取代的助力　203

不要小看你的「直覺」　207

「天才型直覺」與「技職型直覺」　211

不輕忽枝微末節，凡事親力親為　213

堅持走他人無法模仿的路　216

別中了「教條」的毒　　　　　　　　　　219

愈到谷底，愈能讓自己沉潛　　　　　　　221

訓練自己不帶偏見或預設立場觀察事實　　222

工作有時必須獨斷　　　　　　　　　　　224

不放棄百分之一的可能　　　　　　　　　225

學歷不是成功的必要條件　　　　　　　　227

07　有堅持才能實現夢想

「奴隸中村」，備感屈辱的綽號　　　　　233

實現美國夢的「最佳捷徑」　　　　　　　234

毫不猶豫轉身從零開始出發　　　　　　　237

讓你的強項成為自信的來源　　　　　　　239

只靠頭腦與絕技一決勝負　　　　　　　　242

善用創造力最旺盛的黃金時期　　　　　　244

每個人都可以從「自己喜愛的事物」中找到　247
突破點

用金錢衡量價值的險峻世界　　　　　　　249

眷戀就無法繼續前進　　　　　　　　　　251

正因為有所堅持，才能開創美好未來　　　253

巨大的成功皆由
思考力和貫徹力開始

　　我目前居住在美國加州聖塔巴巴拉，這座城市位居加
州南部，是太平洋沿岸異國風情濃厚的城市，街道中保留不
少西班牙風格的建築物，特別是聖塔巴巴拉教堂是一座極富
歷史意義的重要建築，每年前來此地觀光的人可說是絡繹不
絕。也因受到四季穩定氣候所賜，這裡也是著名的渡假聖
地。城市中有處可以俯瞰大海的山丘，是美國屈指可數的高
級住宅區，這裡除了名列世界「最適合居住的地方」之外，
也是美國人最憧憬嚮往的地方之一。

　　我現在就住在聖塔巴巴拉的超高級住宅區，也就是希望
牧場（hope ranch），這裡是房價高居一億日圓的豪宅（與
日本相比，美國的地價極為便宜。如果在日本就是相當於有
寬廣庭院的日式豪邸）。此處半山腰有不少是企業巨賈以及
好萊塢明星的別墅，例如，凱文科斯納、布萊德彼特等大明
星都居住於此，對日本人來說，這裡簡直就是夢寐以求的居
所。

　　我這個曾經在德島縣深山裡潦倒落魄的上班族，竟然得
以住到這個連美國人都稱羨不已的地方，為何我有辦法獲此
待遇？

一 我的「新天地」

我目前的職務是加州大學聖塔巴巴拉分校工學院的教授，這個學校有著毗臨大海的廣大校區，距離市中心開車約半小時左右，學生人數高達兩萬人。在美不勝收的綠地中，綻放著四季不同的花海，與日本雜亂的大學可謂是天壤之別。

我正式就任這所大學是在二○○○年二月十九日，同年五月，家人也一起般來同住。

我在一九九九年十二月正式辭去德島縣公司的職務後，即有五家以上的美國企業對我過去的研究開發成果給予極高的評價，紛紛以數億日圓的條件邀請我接受他們的聘僱。除此之外，更有公司表示願以一億日圓的豪宅與十億日圓的認股權邀請我進入他們公司任職。若以職棒來說，這樣的待遇可說是與超一流選手並列的破格條件。

除了企業之外，也有十所大學力邀我去任教，其中不乏史丹佛大學、普林斯頓大學、UCLA（加州大學洛杉磯分校）、MIT（麻省理工學院）等名校，更有大學提出校長等

級的待遇邀請我，但我都回絕了。

　　我最後選擇了加州大學聖塔巴巴拉分校的研究室，之所以選擇這所學校，是因為在世界頂尖的大學裡，才得以自由做研究。但在日本卻無法如此，來到美國後，我真切的感受到那股自由的空氣。

　　非常不可思議的是，儘管美國的企業和大學，都對我的研究給予高度的評價，日本卻沒有一家企業或大學提出邀請，實在令人感嘆。對此，我並非有所抱怨或不平，因為即便有人邀請我，我也會斷然拒絕。

　　因為當我決定辭去德島縣公司的職務時，就有迎擊更大挑戰、放手一搏的決心。相較於日本，美國企業與大學給的預算多且自由。而且，日本企業有顧及制度的舊習，並不會提出與其他研究者相差懸殊的待遇條件，光是這點就可能讓我無法全心全意投入研究。

　　說實話，我其實最想去的是企業的研究室，而非大學。然而，若是選擇進入企業的研究室，無論如何，都將與過去的老東家打對台，因此，最後我還是決定前往大學的研究室任教。我所熟識的不少美國大學教授都告訴我：「你是無法前往企業任職的。因為你太有名了，你只能選擇大學。」

這句話讓我最後選擇了大學的工作。

─ 所有榮耀終將回歸自身的美國

雖說與企業相比，加州大學聖塔巴巴拉分校所保證的年收入不高，但以大學而言，他們給我的待遇已是破天荒的優渥了。儘管我是新進人員，年收入卻高達十六萬美元，雖然這僅是九個月的薪資，但學校允許我接受政府或企業研究開發的委託，若從其中撥出三個月做為薪資，也還是收入非常優渥的聘僱條件。

由於加州大學聖塔巴巴拉分校與企業及軍方關係良好，可由此申請到不少研究費，所以每年至少可以累積到二十二萬美元的年收。

美國是你做出多少成果，就會獲得多少報酬的國家，這也正是「美國夢」源源不絕的原因。美國大學的教授也正是因為有這樣的體制，才能個個都住在豪宅裡。

對於在拮据的研究經費中苦鬥，沒房、沒錢，只要得到名譽與地位就可滿足的日本人來說，這的確是難以想像的美夢。

　　此外，與日本不同的是，我一上任，校方就已經爲我準備好相關物品，並且對我說：「你可以選擇喜愛的設計和顏色」，這樣的禮遇不禁讓我感到，過去我那被灰灰、舊舊辦公桌包圍的研究室，實在是極爲寒酸的待遇。

　　在如此優渥的環境中，我可以不被任何人打擾，埋頭從事自己喜愛的研究。

― 最接近諾貝爾獎的男人

　　不少報章雜誌和傳媒都報導我是「最接近諾貝爾獎的男人」，我非常感謝大家對我的厚愛，《紐約時報》甚至給我「日本發明家成就非凡，已超越世界一流大企業」的高度評價。

　　也有人說，我若選擇進入大學研究室，將比在企業研究室更容易得到諾貝爾獎。

　　然而，對我而言，獲得諾貝爾獎並沒有那麼大的意義，當然若能得到此項殊榮，我還是很希望得到。但我一直認爲，諾貝爾獎只是我今後接受各種挑戰的一個過程而已。比

起得諾貝爾獎，現在我最希望的還是幫助一些新興創投企業，在五到十年內成功研發出劃時代的商品。許多教授同事也都是憑著自己的能力募集巨額資金，在外自行創業。

大學教授也能出來自行創業？想必一定有人覺得不可思議。在日本的大學，研究人員只要關在研究室裡拚命研究，當個研究傻子也很正常；反觀美國，只要研究者有實力，就可以自由調度資金，一旦有足夠資金，即便是大學教授也能出來開公司。

美國是個善於運用創造力的國家，也因為如此，才能不斷創造出具有顛覆性的發明，成就各種美國夢，而這也正是我的夢想。我也意識到「美國夢只有在美國才能實現」，所以選擇離開日本，遠赴美國。即便從零出發，我相信在這樣尊重個人的自由國度，只要經過三至五年的努力，創業成功，就有機會搬到能俯瞰大海的山丘上，興建一棟五億或十億日圓的豪宅。

一改變二十一世紀的大發明

這並非癡人說夢或誇大其辭，在美國，只要擁有獨創性的頭腦，就有這樣的可能。

而我知道如何擁有獨創性的思維，也能藉由過去的實務經驗，讓獨創性的思維開花結果，創造不凡成就。

藍色發光二極體的發明正是如此。書中將會對這項發明的來龍去脈多所著墨，還不了解藍色發光二極體的人將可有深入的認識。事實上，這項發明乃是改變二十一世紀的一大發明，而這卻是我獨自一人在德島縣鄉下的小企業實驗室裡發明出來的，但這到底有什麼意義？

我成功開發出藍色發光二極體時並未特別在意，但我後來意識到，說不定我應該說出這個成功，告訴大家如何才能將不錯的構思轉換成巨大的成功，而只要抓到其中的祕訣，我想每個人都有可能實現夢想。於是，我回首來時路，發現成功只是極為單純小事的積累，而這些小事歸結起來其實就是「思考力和貫徹力」兩件事。

成功的道路是任何人都能開拓的，即便是在高科技的時

代亦然。因此，我提筆寫下這本書，希望藉由我個人實際的經驗，寫下淺顯易懂的方法，幫助那些想在追尋夢想路上開花結果的人。

成功，無需困難的理論，也不需要漂亮的學歷，而且不如說這些東西可能是阻礙你的障礙物。

相信自己，有著不斷奮進的勇氣，夢想必定會實現，成功必將在眼前。

但能否抓住那條成功之繩，關鍵在於你對目標是否夠堅持、能否將發想轉化為成品，也就是你是否擁有思考力和貫徹力，因為巨大的成就皆由此開始。這本書如果能在你的夢想路上助你一臂之力，我將感到非常欣慰，切記：「掘井直到出水為止」，因為我，中村修二，是如此深信不疑。

不用能力出眾，
但要有自己的風格

幾乎所有的人都會往不可能再想出具有創造性思維的地方下手，也因此折煞了創造的動力，但世上其實還有許多值得發現的事物……。

——— 湯瑪斯・愛迪生（Thomas Edison）

　　想要讓偉大的夢想實現，最重要的就是必須具備獨創性。因為人人都想得出的凡庸發想，很難創造出巨大的財富。那麼，如何才能產生具有獨創性的思維？要具備獨特的風格，最重要的又是什麼呢？

── 不要害怕「跳脫常識」

　　根據我的經驗，要產生獨特的想法，就必須先能辨別什麼是一般常識和普遍認知，因為具有獨創性的想法往往跳脫常識，甚至不合常理，也因為如此，才是具有獨特性的想法。

　　比方說，日本的企業很喜歡開會，一年到頭都在開會，但是，會議中產生的想法，往往都是常識想得到的、沒有任何助益的無趣發想。何以如此？因為就算你在會議中提出了跳脫一般常識的想法，也會在大家質疑「你到底在說什麼蠢話」之下而被消滅殆盡，這也是日本人開會的一大特色。

　　我想很多人都知道，無論是兩到三人的小型會議，還是十人以上的會議，只要是在名為會議的場合，提出任何獨特

的構想，就會如同被食人魚群起攻擊，批評到連屍骨都不存，而且最後都用「以上意見留做參考，等待下次會議再檢討」這種不清不楚的結論收場。

由於許多人都了解這種潛規則，為了讓提案順利通過，往往會提出順從所有與會者的「常識」性構想。所以，在一個以會議為優先的企業或社會，若沒有通過會議的認可，無論提出多棒的想法，最終不過是垃圾而已。

也因為如此，許多構想就會被快速常識化。而這種以常識性的想法做為基礎的企業或社會，怎麼可能會創造出飛躍性的成長呢！常識性的構想或許能成就小產品或小事業，但要做出翻轉業界的大事業就不可能了。因此，任何人若總是拘泥於常識，就難有獨創性，大家也要知道在會議中被認可的想法或創意往往不具任何意義。

所以，我要提醒大家，唯有跳脫常識的想法，才潛藏著巨大的發展機會，這也才是獨創性的構想、具有價值的創意。而想要提出獨創性的想法，當然就必須先打破會議上的常識性方案，了解獨創性的芽苗隱藏在看似「愚蠢的想法」中。

─ 要為自己的「獨特」自豪

其實，我自己在二十多年前，也與周遭人一樣，一直將力氣用於常識性的思考。我雖然想創造出有價值的獨創性產品，但卻一直將力量放在相反的事情上。

比方說，想要開發一項產品，就必須先思考要創造何種產品比較好？然而，十個人當中往往有十個人會先去調查過去的相關資料，希望從別人的研究中找到思考的路徑，或是從中找到創新的靈感。

無論何種領域，只要進行調查，確實都能找出許多可以參考的論文和資料，或是在別人的專利產品中，發現相似的技術，也因此幾乎所有人都想從中找到繼續研究的勇氣，奇妙的是，這種並非是自己獨創的構想反而令大家感到莫名安心。

我自己過去也曾以其他人的論文做為研究基礎，進行十年的辛苦研究，完成了三項研究成果，這三項產品雖然都是不遜於大公司研發出的好商品，可惜的是，都賣得不好。

其中一個原因是企業規模太小，雖然製造出與大公司同

等級的產品，但受消費者信賴的程度完全不同，另一個原因當然是因為產品缺乏獨創性。

　　試想，若僅是查看論文或資料，安於進行與其他企業類似的產品研究，當然不會有所成就。別人也可以想到或做到的事，就是欠缺獨創性的事。

　　與其跟著別人的步伐，大家一定要堅信做出誰都不曾想到、自己獨立思考得到的結果更值得驕傲。或許你某天突然告訴身邊的人自己正在進行的構想，會被別人當成「傻子」取笑也說不一定，畢竟做別人不做、跳脫一般認知的事，在這個社會很容易被別人看不起。

　　然而，根據我的經驗，這才是發明具有獨創性的神奇產品的第一步。因此，千萬不要畏懼跳脫常識。

─「雜音」總有一天會消失

　　如果要進行具有獨創性的工作，就我個人而言，還有一個相當重要的事，就是凡事都要自己一個人親力親為。

　　前面提到，無論召開多少次會議，寫了多少會議紀錄，

終究產生不了獨創性的構想。但若是獨自一人，想思考什麼、準備什麼，甚至要嘗試製造可笑或奇怪的產品，都可以很自由，因為要做什麼事完全取決自己。腦中的想法到底是常理性推論，還是跳脫普遍認知的構想，也完全由自己判斷。也就是說，你可以不用遵循他人的想法，完完全全根據自己的思考判斷。

我一直認為，獨自一人進行全部的思考及判斷工作，是創造出獨創性產品不可或缺的重要過程。

因為，自己一個人進行研究發明，就算沒有什麼特別的進展，還是能專注於自己的構想。如果身旁出現雜音，往往會使我們無法專注於研究。特別是只要一失敗，身邊必定會出現隨便給你意見的人，有人甚至會看似關心，但不負責任的跟你胡謅一通，告訴你這樣才對，那樣不好，或是叫你乾脆放棄，總之多半是一些多管閒事、看好戲的人。

聽到愈多雜音，我們就愈無法專心研究，更無法深入思考。所以，若要專心思考，我認為不如一個人獨立研究比較好。

很幸運的是，由於我一直沒有做出預想的成果，反而不受公司重視，公司也漸漸不再要求我做這個、做那個，大概

是覺得多說無益，反正我也做不出什麼好東西，也就放棄了吧？我現在想來，被認為是「光會花錢的米蟲」，好處是漸漸不會被公司交派艱鉅的任務。

在這樣的情況下，我反而能埋首自己熱衷的研究。沒有了身旁的雜音，我逐漸開始專注於自己的研究工作。雖然那時還是未能交出什麼研究成果，總是在低落的心情下埋首研究，但是，日後我還是研究出令人驚艷、意想不到的成果。所以，我認為至始至終保有別人無法複製的風格，是成就事業的必要條件。

一 找到自己的風格

那麼，要如何建構出自己的風格呢？不，應該說如何找到自己的風格。最重要的是你要知道，風格其實本來就存在你的身上，並非由他人教導而來。當然，也不是說你什麼事都不做就會發現你的風格。

風格其實是從頭到尾徹底完成一件事情或一項產品產生出來的個人特色。

以產品開發為例，就算公司不看好你，但你若是親手完成某項產品的開發，你的風格也會自然應運而生。也就是說，風格是藏在你所做過成功或失敗的經驗中。

簡單說，要發現自己的風格，無論如何都要親手完成一件事，或者實現一個目標，因為這是發現風格最重要的關鍵因素。

在公司的前十年裡，我親手研發了三項產品，雖然這些產品都沒有大賣，但是，我大概以每隔三、四年的速度研發出一項新產品，也就是在這樣的過程中培養出自己的做事風格。

那時，有半年的時間我沒有做出任何結果。雖然公司出錢幫我買研究所需的零件，但當時公司的規模很小，並無力為我投資巨大的設備（當時公司約有兩百名員工，如今已有一千八百名左右）。因此，我獨自一人花了很大的工夫改造機械設備，我想我也是從那時起開始建立自己的風格。

從我的故事裡，大家會發現像專業工匠那樣親手打造所需的器具設備對成就一件事到底多重要。

一 立刻找到答案是件可怕的事

大公司的研究員通常不會自己動手做這些繁瑣的工作。如果有需要，他們當然會直接向廠商購買實驗設備，公司絕對會出錢支持他們的研究。或許一般人都會認爲特別動手改造設備，是浪費時間，或是若有必要，也會直接交給旗下的子公司去做。

研究最先進技術的研究員，往往也會認爲不要將心思放在瑣碎的日常工作上，應該將重心放在研究室的管理上，或是理論的研究，而不是研究現場的工作細節。所以，很容易將搜尋海外文獻或資料當成是在研究室裡的首要之務，而東京大學或是京都大學這種一流國立大學出身的人，似乎又特別有這種傾向。

這類一流大學出身的人，的確擁有犀利的頭腦和敏銳的判斷力，知識也很豐富，可以馬上察覺實驗設備上的缺失，和無法做出研究成果的原因。因而往往會在產品完成前的階段就已經深知設備缺失或問題所在，斷然放棄持續研發，認爲即使再繼續那些研究，不過是浪費人力。但若是如此看

待事情，你就永遠無法發現、培養出以自己獨特方式開發產品的能力。

所謂的自我風格是指你獨有的直覺。這種直覺和一般所說的直覺不同，是你用一己之力完成一項產品時，本身才能感受到的判斷力。

因此，就算你想要做再多研究，想知道再多海外研究實例，但若沒有堅持把研發做到最後，終究不會知道自己的風格是什麼。

在你孜孜不倦、一步一腳印親手進行每個步驟的過程中，你會突然看見閃現遠處的微光，而這些微光日後就會漸漸匯聚成你的風格，之後，你再以自己強烈的風格，徹底貫徹目標時，就有可能創造巨大的成功。

── 不要隨便相信「專家」

獲得成功還有一個重要的祕訣，那就是樂觀的態度，但與其說樂觀的態度，不如說具有開朗、正向的思維更恰當。

我的專業其實是電子工學，並非是物理學。雖然在那些

物理學家眼裡，我開發半導體的方式可能很迂迴，但這些方法很可能是他們完全想不到的，有時，沒有專業知識的人反而會很順利研發出意想不到的成果，這是因爲「大路之外總有不爲人知的小徑」。

因此，就算被專家當成笨蛋，我還是會依照自己的方法和步調進行研究。或是若是被這些專家嗤之以鼻的問：「這種方法能成功嗎？」我還是會回答：「是的，可以的。」因爲如果一被這樣質疑，就失去自信的話，那就什麼也做不了。

切記，專家說的並不一定正確，他們或許有豐富的專業知識，但也有可能陷入專家盲點的泥沼而無法自拔。

總之，無論旁人說什麼，只要自己想做，也相信自己做得到，就一定會有所進展，不論遇到任何困難，都用目標來激勵自己，讓自己不斷前進，相信應該也沒有那個美國時間去理會旁人的閒言閒語或干擾。

一 「相信自己做得到」很重要

我想我的開朗、正面，大概是來自於好強不服輸的個性。對我來說，如果有人問我：「你可以吧？」如果我回答對方說：「沒辦法」或「好像不行」，就等於是承認自己輸了。對我來說，承認失敗是難以忍受的事。所以，就算沒把握，我還是會回答「我可以的」，人要是沒有這種成事的氣魄，似乎就不可能成功。

記得我在研究所畢業後找工作時，曾有位企業主管問我：「你想從事哪方面的工作」，我當時回答：「什麼都可以」。現在如果在面試時這樣回答，大概會馬上被判出局吧！但是，當時的我真的是這麼想的。研究所畢業的那時，我真的認為自己什麼都能做，所以才會那樣回答。

當然，說這話時也不是有什麼實際成績，有的只是自信而已。不管是業務工作，還是任何其他工作，總之，我就是覺得自己都做得來，不會有問題。

也不是說自己一開始就會那些事，而是認為我一定可以從最基礎的工作做起，然後在工作中學習、累積經驗，不斷

往上爬。

其中一個很大的原因，是我從小就有好強不服輸的個性，另一個原因是，我喜歡深入鑽研一件事。我對於自己能深入研究，並完成一件事很有信心。而只要能專心完成一件事，自然就會產生自信。

一「追求世俗成功」反而做小自己

我想我不服輸的個性，是從小養成的吧！

我家有四位兄弟姊妹，我排行老三。最大的是姊姊、老二是哥哥，下面有一位弟弟，我正好是三個男生中間的一個。姊姊是女生就不用說了，家中的三個男生從小就很活潑，小時候基本上是在吵架中渡過，可以說我從小就是在競爭中長大。

這樣的家庭背景讓我養成了不服輸的個性。因為不管是跟哥哥搶，還是弟弟爭，只要輸了，就吃不到自己喜歡的東西，做不了自己喜歡的事。所以，輸的感覺總是深刻留在我的心中，這樣的經驗反而讓我無論如何都想試試困難的事。

特別是若要做不是自己專長的事，或是希望交出成績時，就會展露出非贏不可的企圖心。

此外，我對於喜愛的事物會投入無比的熱情，不斷鑽研，可能是我與生俱來的特質。我絕對不是那種能力出眾，什麼都會的小孩，反而是大人眼中既不出色，又無法符合期待的庸凡孩子。我一直都是以努力和笨拙的方式達成自己的目標，但對於自己能深入探究事物的本質卻非常有自信，即使剛開始沒有什麼成果，我總深信自己最後一定會做出令人刮目相看的成績，也就是這樣的自信成就了我的發明。

― 原子小金剛驅動的夢想

開始懂事後，我就非常愛讀《少年漫畫》和《少年 Sunday》這類科學漫畫月刊，其中手塚治蟲的《原子小金剛》深深影響少年時代的我。我非常崇拜創造出原子小金剛的御茶水博士，也想成為像他那樣的科學家，應該是從那時候開始，我就一直夢想能成為一位出色的科學家。

不過，我喜歡理工科系倒是和原子小金剛沒有關係，應

該是小學五、六年級時，不知什麼原因突然對理工科產生興趣。多數人都是因爲考試成績不錯而對那項科目有了自信，但我小學的數理成績其實並沒有特別好。

其中一個可能或許是父親空閒時會教我數學，我從五、六年級左右開始，只有算數比較好，而理科又與算數有關，或許也就是這樣讓我喜歡上了理工科。

一 喜歡「打破砂鍋問到底」的感覺

我於一九五四年五月二十二日出生於愛媛縣瀨戶村，父親叫中村友吉，母親叫中村久惠，是家中的次男，瀨戶村就是現在的西宇和郡瀨戶町大久，位於素有日本最長半島之稱的佐田岬半島中間，是個典型人口外移嚴重的地區。小時候這裡甚至沒有公車，還要搭木船到鄰近的鄉鎮。

在這個小村落裡，只有國中，所以，村裡的二男或三男多半國中畢業後，就前往東京或大阪等大都市找工作，我原本也是如此，但由於在四國電力公司擔任變電所保全人員的父親，在我小二時調到鄰近的大洲市，使我有幸得以繼續升

學念書。

然而，我國中時的成績並不好。雖然數學不錯，但史地這些需要背誦的科目就完全不行，所以只要一想到歷史、地理這些課我就很討厭。

至於我為何會對史地產生反感，是因為我實在不了解歷史為何要背何年何月發生什麼事，即使是現在，我還是無法理解。問老師也只會說因為考試要考，也因為一直無法理解「為什麼要這麼努力去記這些東西」，所以就算想背也背不起來。

時間久了，這樣的疑問就逐漸變為厭惡，頭腦也完全無法接受這些知識，成績當然也就不好。我實在非常討厭沒來由的背東西，至今仍是如此，這樣不僅毫無意義，也很浪費時間。

比起這些背誦科目，數學基本上只要學會基本公式，所有問題都能迎刃而解，要背的東西也只有一點點。雖然我覺得背公式很痛苦，但我很喜歡將問題一點一滴慢慢解開的快感。

我想可能就是在那個時候，培養出自己「打破砂鍋問到底」的風格吧。

一 成績不是最重要的事

在公司我雖然被當成怪人，但我可是很能交朋友的人。大概是從小學開始，我就很有辦法號召同學，特別是男生。也可能是這個原因，就算我成績很糟，每年還是都被選為學生代表。對女生我可能沒有什麼號召力，但讓男生聽我的話，可是我的專長。

小學時，因為交友順利而常被選為學生代表，但進了國中後，就沒這麼吃得開了。原因是國中成績要在二十名以內，才會被貼在教室牆上，當學生代表，名字卻沒有出現在牆上，自然會被認為很奇怪。

也因此，國一學期結束時，我開始認真讀書，成績也逐漸好轉，總算勉強進入二十名以內。但是，依舊是數學和理化考得比較好，需要背誦的科目還是沒有起色。

一般來說，如果要讓成績變好，應該先從史地這些以記憶、背誦為主的科目下手比較快，但我因為討厭這些科目而至始至終都不想讀。現在想起來，這大概也是我頑固的行事風格吧！不過，當時我其實並沒有想太多，因為我那時將心

力都投入了社團活動。

― 斯巴達式的練習無法突破

　　國中時，大我兩歲的哥哥正好擔任排球社社長，可以說是以命令的方式，強迫我加入排球社。所以，我既不是因爲喜愛打球而加入，也不是因爲運動神經很好而被選上，而是被勉強參加。

　　這個球隊進行令人無法想像的斯巴達式訓練。一年三百六十五天全年無休，週六從下午練到深夜爲止，週日則必須從早練到晚，或許也因爲如此，比賽成績反而是最糟糕的。

　　當時，大洲市只有三個排球社，我們卻總是敬陪末座。爲何明明以斯巴達的方式嚴格訓練了，還會一直拿最後一名？原因在於社團沒有專任教練，都是學生自己毫無章法的練習。擔任社長的哥哥總以爲只要專心一意的練習，隊伍就會變強，這些練習也只不過在自己的方式上打轉，這樣沒有章法、土法煉鋼的練習，當然不可能獲勝。

　　但是，我沒有中途放棄，而是堅持了三年，進入高中也還是選擇進入排球社。其實每次我在感到體力無法負荷時，都很想退出，不想再打了，但我的個性又是只要朋友一約，就無法拒絕。

　　從小學、國中，我就和男同學相處愉快，也總是被推舉為學生代表，我的個性實在很難跟人斷然說「不」。加上沒有我的加入，排球隊就會面臨人數不足六人的窘境，我也就只好繼續留下。

　　與國中時期相同，大洲高中排球社也很弱，在縣立運動會上總是吊車尾。持續練習一段時間後，我心想在這樣下去實在不行，所以高二、高三時，我就開始尋找與排球相關的書籍，並埋頭研究排球的練習方法與比賽技巧，研究後，我發現要做任何改變都為時已晚了。因為就像國中時，高中的隊友都各自照著自己的方式練球，當然不可能會贏。

　　不過，現在回頭想來，這樣也很好，不認輸又有何妨。至少這種以自己獨有、但不成熟的方式練習，也能產生莫名的自信，而這種經驗就是讓我們能獨立思考、成就事物的開始。

　　不論是好想法、沒用的想法，唯有獨立思考才有可能產

生獨創性的思維。如果是受到別人影響或指導，就很難有獨創性思維和與眾不同的構想。從事獨創性的工作，當然必須要有獨立完成工作的能力，而這樣獨立精神也必須在青年時期就開始培養。

我的高中成績依舊差強人意。當時學校是依成績分成五個班級，成績好的學生就會集中安排到所謂的升學班就讀，我的成績總是吊車尾，全班四十位學生，印象中我經常徘徊在四十名附近。

班導師實在看不下去我這樣的成績，便對我說：「你若是再繼續參加體育社團，成績必定一落千丈，立刻被調到後段班。如果你想升學的話，就不要再參加排球社了！」那時，班上確實有一位田徑社的同學，因為功課不好，最後被調到後段班。

但我最後並沒有退出排球社，畢竟我一旦退出，六人的排球隊就無法成隊，對那時的我來說，友情比什麼都重要。因此，多數同學都為了專心準備考試而離開體育社團，只有我依然一年三百六十五天，天天投入排球練習。

但說也奇怪，我的成績不但沒退步，還一直在進步，竟然還能排到班上中間二十名左右，我自己非常滿意這樣的成

績。

如果當時我放棄打排球，選擇專心讀書，成績或許會進步更多。但人如果總是選擇輕鬆的路，失敗時很可能就不會激起與挫折對戰的精神，當然也不會有奮力向前的勇氣。

― 抱著置之死地而後生的決心鍛鍊自己

不斷的練習，排球隊仍舊是最後一名，我們依然不氣餒的繼續努力、練習，這樣的過程練就我不輕言放棄的韌性。做能做的事、盡能盡的力，不論結果如何依舊勇往直前，不爲所動的精神與堅忍不拔的意志，也就在我的內心生根發芽。

對我來說，當時沒有退出排球社眞是對的決定，雖然我因此成績普通，卻鍛鍊了我不屈不撓的精神。

這些訓練讓我日後埋首研究時，無論經過多少次失敗也不輕易屈服，現在想來，或許應該都是中學時代排球社給我的訓練吧！

事實上，我在實驗室裡進行產品開發也嘗到和練球時同

樣的滋味，不斷反覆的實驗，卻總是失敗收場，但也毫不灰心的將實驗貫徹到底。就如同「再來一球吧」的接發球練習，我總是在實驗室如此堅持著。

正是因為中學時培養出不論如何都要奮力一搏的韌性，我才會有今天的成功。畢竟無論是工作，還是人生，我們總會遇到必須置之死地而後生的絕境。

當我們到處碰壁、遍尋不著出路時，究竟該怎麼辦？頭腦好的人或是會念書的人往往會認為事不可為，不如放棄，早點另尋他路比較實在。

特別是東京大學或京都大學這些名校畢業的人，因其眼光犀利，能夠洞察趨勢，反而不願進行需要累積基本功的工作，在遇到瓶頸時很可能直接轉往最先進的領域發展，但這樣很可能什麼都沒有完成就過了一生。

一次或兩次失敗，甚至是五、六次失敗就放棄的話，那就什麼也創造不出來。即便經過一百次或兩百次失敗，若都能以「再來一球」的精神鍛鍊自己，一定會在某處看見成功的光芒。

即便是再小的突破點，只要能夠看到突破點，都很有可能讓你做出翻轉結果的大發明，讓你在疑似無路的困境中，

看見柳暗花明的曙光，成就開花結果的事業。

這種奮戰不懈的精神，我想是我在中學排球社所培養出來的。

― 停止判斷是洞察事物本質的關鍵

中學時我還有一項擅長的科目，那就是美術與繪畫，大家或許會覺得意外，不過家中的兄弟姊妹都很擅長繪畫。

爸媽不曾教我們畫圖，但五、六年級時我們就都畫得很好了。我特別會畫圖，只要有人要我畫圖，我總能輕易完成。

我想或許是因為我看東西的方式和別人不一樣的關係。一般人看大自然都會把它看成單純的風景，或是觀察其中的樣子，但我卻和別人有點不一樣。

例如，高中二、三年級的美術課中，老師要我們用色紙剪貼出春夏秋冬四季的變化，我的作品竟然在八十人裡，得到前五名的好評。我倒不是只考慮顏色來創作，而是想到什麼感覺就貼什麼，但這樣反而傳神的表現出四季變化，

這無關技巧好壞，而是一種對自然的感受力。

我至今仍保有這種「對自然的感受力」和「觀察入微的特質」。

例如，看山或看海時，我非常喜歡花上一、兩個小時仔細凝視其中，而且什麼事都不想，只是專注的看著遠處的山海，從孩提時代我就對此樂此不疲。

對我來說，這種專注是一種暫時停止判斷事物的重要時刻。而我後來才發現停止判斷是洞察事物本質非常重要的關鍵。

─ 每天都要空出探詢「事物本質」的時間

我們在觀察與思考事物時，反而不常探詢事物的「本質」，往往容易被某種「判斷」所左右。

例如，東京人搭乘手扶梯時，通常會讓出右側階梯給趕時間的人快速通過，大阪則是空出左側階梯。我們會理所當然的認為這樣才是搭乘手扶梯的正確「判斷」。說這是「判斷」或許太過嚴重，應該說這種認知已經變成所謂的「常

識」。然而，搭電梯應該靠左或靠右，卻和手扶梯的「本質」沒有任何關聯。

所以，在探究事物本質時，必須先停止這類既有的「判斷」。亦即在思考手扶梯這樣東西時，必須先跳脫既有的社會框架，唯有放下既有的社會認知或框架，我們才能盡情思考，看見事物真正的本質，不被常理或既有知識所左右。

小時候我之所以看起來常常在發呆，就是因為在區分什麼是會左右判斷的因素和認知，讓自己在思考事物時，可以提出自己的看法，不被既有的框架所束縛。

我後來如果遇到實驗的瓶頸時，也會走出實驗室，一邊看著綿亙鄉間的山巒和稻田，一邊發呆，在凝視的過程中，逐步驅除腦中過去的文獻與其他學者的研究，讓自己不受這些既有見解干擾，想出自己獨有的新創見。

― 駑鈍之材也能超越神童

從小，我就被大家說是老愛發呆的小孩。附近鄰居幫我們照相時，往往只有我一個人沒有看鏡頭，搞不清楚鏡頭在

哪裡，突兀的站在人群中，也沒有任何人發現我的格格不入，因為我總是陷入自己的沉思中。在旁人的眼中，我是個活在自己世界裡的怪小孩。

但我總認為「小時了了大未必佳」，甚至應該說小時候聰明靈巧、什麼都會，又會讀書、成績又好的小孩，長大反而不會有什麼大成就。那種拚命補習，只會在回家路上說著自己數學考多高分，國語和社會表現有多好，可以考上什麼有名的私立學校的小孩，長大絕對不會有什麼大成就。

只是大家看到說話機伶、反應不輸大人的聰明孩子，就會覺得這樣的孩子將來一定會做出一番大事業、成就非凡，也因此經綸滿腹的小孩總能受好學校的青睞。我一直認為這樣的小孩長大反而不可能有什麼驚人成就，他們也完全不會想做任何與眾不同、具有開創性的工作，充其量不過是不懂變通、跟從世俗的庸才罷了。

我認為小時候常常發呆是好事，特別是男孩子。這樣的孩子或許在某些方面表現得很笨拙，但總是在思考什麼的孩子反而比較有可能有所成就。我自己小時候就常常一個人到海邊發呆，而且一發呆就是一、兩個小時，我非常喜歡這樣的獨處時光，即使現在也還是如此。

沒有想像力，
就沒有知識和樂趣

想像力比知識更為重要。

　　　　　　　　　　—— 物理學家愛因斯坦

發想的祕訣在於執著。

　　　　　　　　　　—— 日本首位諾貝爾物理學獎得主湯川秀樹

高中畢業後，我選擇進入德島大學，一方面是因為我在班上的成績落在二十名左右；另一方面是德島大學的入學考試對我來說相對容易。

當然，能考上那所學校，也是因為數學、理科和英文的加重計分比較多，需要背誦記憶的社會和國語比較少。

— 被「不需要理論家」的松下電器拒絕

我其實不像現在的學生，那時腦中已有如何選填志願，考上好大學的聰明策略，只是與班上幾個學號相近的同學感情還不錯，被他們邀喝一起報考德島大學，也就去考了。

那是一個做什麼都想很多的時代，也因為是鄉下地方，沒辦法像都會人那樣自我。

說到鄉下人的實際，當時，我其實真正想讀的是物理，但高中的班導師卻告訴我，學物理以後很難找工作，所以，我就選擇大家口中比較好找工作的工學院。

或許有人會覺得大學讀什麼系沒什麼大影響，但對我來說，這個選擇卻是人生的一大錯誤，因為我到現在還是很想

從事物理方面的研究。而當時選擇電子工學系，是因為我覺得電子工學應該和物理比較相近。

大三時，我選修了福井滿壽夫老師的電子物性工學，深受感動。在這堂課中，福井老師根據電子物性理論解說了所有材料的物理特性，我發現這堂課和我喜愛的物理很相近。在這之前，我一直覺得大學的課毫無樂趣可言，只是高中不斷背書的延伸罷了，但這堂課卻讓我發現電子工學很有趣，進而修了材料物性工學課。

而我後來也是以自己的構想和擅長的題目做為我的畢業研究論文。研究過程中，我發現我對材料愈來愈有興趣，到了大四甚至很猶豫要不要找工作，最後決定留在大學念兩年碩士。

所以，我是碩士畢業後才出社會工作。那時，我已被京瓷公司錄取，之所以選擇京瓷，是因為當時京瓷在日本材料界算是首屈一指的公司，是極速成長中的潛力企業。

而那時找工作主要是靠學校推薦，當時我提出申請的公司除了京瓷之外，還有松下電氣和東芝等大企業。但松下電器並沒有錄取我，原因是他們說我「太理論派」了。

換句話說，「不需要理論家，而要有開發製造能力的人

才」是我沒有被錄取的原因，其實這也是意料中的事。因爲德島大學受到國家資助的資金很少，所以很少有實務課程，幾乎都是理論課。

松下電氣面試失利後，我才去報考京瓷，因爲有了松下電氣的前車之鑑，到京瓷面試時，我完全不提理論的東西，只是不斷的表示我很喜歡開發製造商品。

這場面試稻盛和夫社長也在場，我到現在都還記得他問我：「你覺得現今社會的問題出在哪裡？」我馬上回答：「考試。從小就考試，考試度日。這樣的考試制度不廢除是不行的。」

現在我的想法還是一樣，我想我會被京瓷錄取，應該也不是因爲材料專業特別優異，而是與專業無關的這個回答吧。

不過，儘管我已經被京瓷錄取，但是，我最後還是沒去上班，原因是我個人的因素。

一 如隱士般埋首研究

念碩士時我已經結婚了，碩一時甚至連孩子都生了，這件事自然影響到我的工作選擇。我這個人總是喜歡想「如果怎麼樣會怎樣……」，我就常想，要是我父親沒有從瀨戶村調職到大洲市的話，我可能就會和大家一起去大阪找工作了。

所以，我也常想，若是在大學三年級時沒遇到太太裕子，人生又會是如何？也許不會有現在的我了。

剛上大學沒多久，我和同樣由大洲高中升上德島大學的三位好友絕交了。因為我想好好用功念書，所以拒絕一切的交際。學費皆由家中支付，我不需擔心，但生活費就必須靠助學金了。

因此，我三餐都在便宜、但不好吃的學校餐廳解決，每天只要有時間就會去圖書館念書。回首當時，真是過著恩格爾係數100％的赤貧生活（譯注：根據恩格爾定律得出的比例數，計算方式為食物費支出除以消費支出總額之後在乘以100％，恩格爾係數值愈低，表示生活水準愈高）。在房

租五千日圓的便宜公寓裡，不是沒日沒夜的埋首專業，就是陷入思考。

一直過著如隱士般生活的我，只有一次校慶和大家去慶祝。原本參加校慶，對沒有加入社團的我一點影響也沒有，畢竟沒什麼好炫耀的，這些只不過是浪費時間的活動罷了，還不如用功讀書。

但是，我怎麼會突然在這時想參加校慶呢？有句話叫做「中邪」，這的確只能說是「中邪」了。不知為何，我竟參加了學校隔壁餐廳開的「go go 派對」。

在這個派對上，我認識了太太裕子。我當然是第一次參加「go go 派對」，也是第一次和女生跳舞。那時我完全忘了周圍的一切，好像著魔似的跳舞。

當天晚上，有校慶例行的「夜行活動」，坐火車前往距大學四十公里遠的車站，再步行回來。也不曉得是不是裕子邀我，細節我都不記得了，總之，我和裕子都參加了夜行，走了很長的一段路。鄉下和大都市不同，只要稍微離開市區就一片黑暗。

滿天的星空包圍著我和裕子，我抬頭仰望星空，和裕子聊著宇宙和物理學。通常女孩子會覺得這種話題很無趣、令

人想睡，但或許是滿天星空製造了浪漫的空氣。我已經不記得當時自己說了些什麼，反正就是和裕子一路開扯，這些都是裕子後來告訴我的。

由於我連社會上發生什麼事都不知道，追求女孩的話題當然也一無所知，所以也只能逕自說我自己懂得的物理學。當時，我以為裕子只是專心回應我的話題，很有興趣的聽著我高談闊論，但她其實早就驚訝的注意到我毛衣上被蟲咬出了許多破洞。

於是，校慶夜行後的幾天，裕子來到我的租屋處。或許就是此時，我感覺到裕子是我命中注定的伴侶，我也不知道怎麼會有這種感覺。

我的房間對女孩子來說無聊至極，完全沒有可以娛樂的電視或漫畫，只是堆滿專業書的地方而已。專門領域以外的東西完全不存在我的房間，所有無關書本的慾望都被排除在這空間之外，只有我一個人在這房間中過著極為簡陋的生活，當然也完全沒有任何吸引她的東西。

不過，和一般學生不同，過著如同修行僧生活的我，確實感到一種奇妙的感覺在我心裡滋生著。之後我們就開始深入交往，裕子後來也懷孕了。因此，碩士一年級時我們就結

婚了，緊接著迎接小孩的誕生。

── 千折百轉踏出現實社會第一步

裕子後來一邊當幼稚園老師，一邊供我念研究所，當然還要養小孩。原本打算畢業後到大都市就職的我，也因此被迫要從頭轉換方向。當然，包括我必須決定小孩要在都市求學，還是要在鄉下成長？以及要不要接受京瓷的工作？

畢業時，研究室的多田修教授告訴我：「像你這樣在鄉下長大的人，帶著孩子在大都市生活會很辛苦喔！有家庭的話，在鄉下或許比較好。」事實上，我自己也是這麼想，也認為所有決定應該以孩子的教養為優先，全家能住在一起當然最好。

因此，我放棄了京瓷的工作，並再次找多田修教授商量，請他幫忙介紹德島當地的工作。

多田修教授因此介紹我去他童年玩伴經營的公司工作，也就是日亞化學工業。就這樣，我在一九七九年成為德島縣阿南市日亞化學工業的員工。

　　日亞化學是現任會長小川信雄於一九五六年創立的公司。小川會長因為眼睛不好，無法進入他夢寐以求的士官學校，改讀當時的高等高專，也就是現在的德島大學藥學系。畢業後，以藥劑師的身分前往太平洋激烈戰區的瓜達康納爾島從軍。

　　那時，幾乎所有士兵都戰死了，他卻奇蹟似的生還。在這幾盡毀滅的瓜達康納爾島上，他在占領軍房內看到不可思議的藍色發光物體，讓他感動不已，後來才知道是螢光燈。小川會長於是決定回國後，要製造這個神祕的發光體。

　　但是，回到故鄉德島的小川會長，卻發揮自己的專業知識，設立了製藥公司，開始生產鏈黴素（streptomycin）這種抗生素。不過，儘管公司所產的是療效百分之百的高品質藥品，但在市場上卻被當成藥效只有一半的劣質貨一起販賣，品質好壞完全不被消費者重視。

　　小川會長對此非常氣憤，覺得本著良心製造產品的公司竟被當成傻瓜。在這樣的情況下，他遂興起想要製造、販賣能夠準確測量品質的儀器念頭。

　　那時，他想起在瓜達康納爾島上看到的感動，認為如果是螢光體，就可以立判品質的優劣。只要能製造品質好的螢

光體，必定能獲得認同。就這樣日亞化學開始致力於螢光體的生產。

當時螢光體的專利為奇異公司（General Electric Company）所有，但日本多數大企業都沒有支付專利費，套一句小川會長的話，這簡直是「如同竊盜般的行為」。注意到這一點的小川會長，馬上向奇異申請使用專利權，奇異也因此予以高度認同，準許日亞化學完全使用。

因此，日亞化學雖然是化學藥廠，但逐漸將主力產品擴展至螢光燈，以及用於電視機映像管的螢光體，藉此轉換到不同領域，在德島縣東部阿南市人口約五萬人的小鄉鎮逐步打下基礎。

我進公司時，它的螢光體市占率雖然已經是日本第一，但是公司規模仍小，年營業額只有四十億日圓，員工約一百八十人，而且大半是阿南市出身的在地人。

── 不被世俗思維局限，那裡都能「作為」

在日亞化學，我被分配到研發課，但課長以下僅有四

人，預算當然也非常少，對碩士畢業的人來說，通常面對這樣的環境很可能不會有什麼幹勁。

　　然而，從某個角度來說，我是個跳脫常理、不黯世故的人，所以完全不在意這些，不論到業務部、會計部，還是人事單位，都無所謂，或許也是因為我有分派到哪都沒問題的自信。也不是有什麼豐富經驗，只是抱著遇到事情也沒關係的淡定心態。

　　如今想來，這是準備放手做事時，非常重要的態度。

　　其實，我剛進公司時，大家都議論紛紛，甚至對我冷眼相待。第一，因為當時我雖然住在德島市，但我是愛媛縣出身，而公司位於阿南市，距離德島市只有四、五十分鐘的車程，卻還是個不折不扣的鄉下地方。公司的人多半是阿南市人，一個外人突然來到這裡，當然會用好奇的眼光來看待我。

　　所幸大南市是個有人情味的地方，我沒有受到太多的排擠或冷落。只是，不管做什麼都會被問：「你為何要來這個公司？」因為其實沒有什麼特別原因，我就隨便回答他們，也因此，大家就經常在背後對我指指點點，只是我不知道罷了，就算不至於被監視，至少大家很注意我的一舉一動。

大家也常問我：「你是德島大學畢業的，怎麼會選擇到我們這種不知何時會倒的鄉下公司呢？」加上我的專業是電子工學，對公司的人來說，我的出現確實很奇怪。

公司雖然除了我以外，也有很多員工來自德島大學，但他們都是化學系出身的，選擇來此很可以理解，畢竟公司是化學藥廠。對於電子工學出身的我，為何會選擇到這裡工作，自然會覺得不可思議，這也是我為什麼始終都是一個人獨來獨往的原因。

一 決定不讓人生鬱鬱不得志

我也不是因為想從事電子工學相關工作才進日亞化學，只是恰巧指導教授介紹，又剛好被分配到研發課。所以是再三的偶然，我才做了國際性的研發工作。

也因此，就算人事異動被分配到意想不到的單位，我也不會煩惱。遇到這種情況如果不懂得自我激勵，告訴自己「我可以的」，終其一生也只能鬱鬱不得志。

我反而覺得，像我這樣被人質疑為何來到這種小地方是

好事，因為這樣我們就不會對未來有不切實際的幻想，認為人生不過是一連串的偶然，讓自己到哪都能坦然面對、盡己所能。

想要一展身手、放手一搏時，盡想著可能的危險，和就算什麼都不懂、但相信自己可以做到，其結果必定截然不同。

不斷思索可能的危險，乍看考慮周詳，充滿智慧，但這樣的人一旦失敗就很容易自暴自棄，不願繼續下一個行動。如果遇到問題都是負面思考，遇到挑戰就很容易卻步，是無法創造巨大成功的。相反的，那種即使不懂也覺得無所謂的人，往往會以積極的態度面對問題，也會將失敗轉換成正面的動力，而且甚至會懂得失敗也是人生另一種樂趣。

事實上，我有十年的時間連續三次失敗，「製造出無法暢銷的產品」，但沒想到那些失敗，卻成為我日後成功的基石，人生真是不可思議。

― 開創事業，狂妄是必要的

日亞化學有個口號是「Let's study, think hard and work hard, and make the world's best products ！」（「我們一起用功、努力思考，勤勉工作，製造出世界第一的產品吧」）。小川會長不斷強調這樣的精神，也完全放手讓研發課去做。

那時，他只要求我們一件事，就是「努力讓世界發光」，全力開發半導體和發光二極體。

進公司後我被賦予的任務，是製造半導體原料的磷化鎵（Gallium Phosphide）這種黃色結晶物體。這是因為研發課的課長正好在猶豫要不要致力研發半導體的材料時，業務就聽說電器製造大廠的磷化鎵賣得很好。

發光二極體的英文是 LED（Light Emitting Diode），也就是當電流通過時會發出紅色、黃綠色光線的半導體元素。大家也許不常聽說，事實上我們生活裡正廣泛使用這項物質，例如在車站、街頭看到的電子看板或電器用品的顯示板等等，生活中看到各式各樣顏色的燈，就是利用發光二極體的製品。

發光二極體是與過去的電燈泡、螢光燈等照明裝置原理不同的發光元素。例如，電燈泡是透過電流，將裡面的燈絲被加熱至攝氏二千度以上而構成光源；螢光燈則是以因放電而產生的紫外線讓螢光塗料發光。總之，不論電燈泡或是螢光燈，都是以電做為媒介，間接轉換為光源。

相反的，發光二極體由於具有將流過半導體的電流直接轉換為光源的特性，因此，只要一點點電力，就能發光，而且是發光效率和耐受度上極為優質的發光物質。

也因此，許多家電大廠的這項開發都受到全球的關注，日亞化學也才會猶豫要不要加入這項開發。

幸運的是，我大學的畢業論文研究的是「鈦酸鋇電傳導結構」（BaTiO3），所以多少知道一點關於半導體的知識。而且，大學時代多田修老師也曾在課上講過發光材料，讓我對於發光二極體等原理有了基本的概念。

因此，當我知道可以研究用於發光二極體的結晶材料時，內心不禁大叫「實在太棒了」，也讓我下定決心留在德島這家誤打誤撞的小公司，不再繼續大學時代的相關研究了。雖然我得以在這家鄉下公司研究與大學時代論文相近的東西，但我並沒有把握靠一己之力研發出半導體的相關產

品，畢竟我只是過去曾經些微涉獵過相關知識，有的只是堅
不可摧的信心和事在人為的鬥志，才會大膽接受公司的要
求，開始這項研發工作。

一 親手打造實驗設備

雖然興致勃勃展開了研究，但預算幾乎等於零，且說是
要生產發光半導體的結晶材料磷化鎵，但開工時卻沒有半個
工作人員，只有我一個人。我跟學生時代友人聊到這件事
時，他們都說：「你們公司哪算公司啊！」

大企業的研究室通常都是四到五人組成一個研發團隊，
而且，有用不完的開發經費，但我們這裡連買一枝鉛筆、一
本筆記本都要課長簽名，在這種窘迫的預算下，要我研發出
東西根本是緣木求魚。

通常遇到這種情況，多數人不是失去工作動力，就是直
接放棄，畢竟不管如何努力都可以想見未來的困難。

然而，我卻不以為苦。現在想來，我甚至有點樂在這種
艱困狀況。當然，從零出發自然是非常辛苦，也困難重重。

在連基本的實驗設備都沒有的情況下，我只能靠自己動手做。於是我收集了工廠到處都有的廢棄零件，汗流浹背的將它組裝成電器爐，並將實驗用的昂貴石英管反覆焊接再利用。

那時，進公司後約有五年的時間，我都是從早到晚拚命的焊接石英，甚至以為自己就要在焊接房裡渡過一生，也常問自己到底所學為何！

一 每天真實上演的「造物人生」

有人說：「製做東西就是人生」，這正是我的寫照。對一個沒有親手做過東西的人來說，也許會覺得拚命去做一個不知是否完成、也不知道能不能賺錢的東西，根本就是浪費時間。

很多人會覺得與其三百六十五天埋頭在不知道整年成果為何的工作，還不如直接販賣既有商品比較快。

但我一直覺得「製造東西」是上帝賦予人類的特權。因此，不論做出什麼東西，只有動手造物，才會感受到身為人

類的成就感和存在感。

人類有史以來，不，應該說是自人類在地球上生存以來，就開始用雙手打造物品，如果說在人類文明以前都是用手造物一點也不爲過。

不管是雙手靈巧的人也好，笨拙的人也好，生活周遭的一切都是靠雙手打造而來，並且不斷改良使其更方便、好用。又或是會因爲物品難用，而不斷努力發明製造新東西。其中，有成功，也有失敗；更準確的說，是失敗的多，成功的極少。人類的歷史可說是造物的歷史，而且是手工製造史。

然而，近代文明逐漸發明了各式各樣的機器，人類於是轉變成利用機器製做物品，之後也就不見以手工製做物品的情況，擅長手工製做的人也幾乎漸漸消失了。現代人也認爲物品應出自工廠，而非人類之手，甚至連機器人也出現在工廠中，大量製造同一種產品。

自從人類不再以手製造物品後，人與人之間的疏離感也愈來愈嚴重了。人類自我捨棄了之所以爲人的特質，可說是人類的一大悲哀吧！光是不親手製做東西，人生就會變得很無趣。

　　但我經常用雙手製做東西，我和大企業最大的不同即在於此。如同「造物即人生」這句話，我每天都在力行這件事。

　　大企業的研究員只要下單購買需要的東西即可，什麼都用錢解決，只要告訴別人要這、要那即可；或是這不行就換那個試試看。乍看工作很有效率，也很快完成工作，卻完全得不到任何創造性的結果。

　　如同近代強調的合理主義，有效率的完成例行工作，才能大量生產製造，但人類是否也會因此不再有製造物品的創造性喜悅？

― 沒有想像力，就沒有智慧和用力的地方

　　我認為製造東西的根本在於想像力。我們必須一邊驅動事情可以這樣或那樣的想像力，一邊不斷從錯誤中反覆嘗試，才能打造出得以使用的物品。而且，當初的構想往往和實際的結果不同，總會遇到許多的困難和挑戰，所以必須依靠不斷累積的經驗和智慧來克服，在克服無數困難之後，才會創造出開創性的產品。擁有豐富的資金，不用吃苦而隨

手可得的東西，就沒有動腦或用力的地方，也無法開發出令世界讚嘆的創造性產品。我一直認爲唯有在親自動手製做之中，才能激發出新的創意。

這聽起來好像是在唱高調，但事實上我在日亞化學時，就常常因爲公司研究經費不足，必須靠雙手製造所需的物品，但說也奇妙，這卻成爲我日後成功的基石。

親手造物的重要性是我在德島大學研究室時，從主任教授多田修先生身上學到的。一味讀參考文獻，人就很容易只按照書本所說的去做。倘若親手製造所需的工具或設備，就會建立自己的思考路徑和做事方法，而這才是製造商品的第一步，邁向創造之路的開始。

大學時，多田修教授不斷強調親手造物的重要，希望所有學生能謹記這樣的學習態度和開創之道。而我也因爲進入小又沒錢的日亞化學，才能夠親身體會多田修老師深富遠見的教導。就這樣，我很快就體會開創性的工作凡事必須從零開始，如果不靠雙手親身實踐，就無法完成目標。日後我也一直保有這種做事態度和研發方式，逐步建立起自己的風格。總之，人若沒有想像力，就得不到新知識，也無法獲得人生樂趣。

chapter O3

不要安於和別人一樣

人有兩種。一種是碰壁後就退縮；另一種是即便碰壁，仍相信自己可以改變而不斷努力的人。

———— 電影導演華特‧迪士尼（Walter Disney）

就像我和藍色發光二極體奇妙的相遇一般，每個人的人生中都會有不可思議的相遇。譬如，我們會碰到自己完全不了解的知識，或是想都沒想過的工作，但那時的態度和反應，卻會大大影響我們日後的人生。

一 人生最重要的是不要找做不到的理由

當公司希望我研發紅色 LED 材料的磷化鎵這種多結晶時，我自己從來沒想過要從事與半導體有關的研究，腦海裡完全沒有發光二極體這玩意。

但幸運的是，大學時做過跟 LED 相近研究的我，可以在這鄉下的化學工廠繼續這項研究。老實說，我不知道人生會變成怎樣，只是很喜歡半導體的研究工作，儘管那時我對半導體的基礎理論一無所知，因為大學時研究半導體的老師很少，所以沒有學習相關基礎理論的機會。

事實上，許多專家都說要了解半導體，就必須要有量子力學的基礎，如果沒有這些基礎知識，就無法從事半導體研究。

可是，我卻是不具備量子力學基礎知識的人。如果我當時有這點常識，或許就會聽專家的話，從量子力學學起。還好，我並沒有這樣的常識，認為沒有量子力學基礎也可以了解半導體的原理。因為其實只要找到另一個可以取代量子力學了解物體性質的「語言」即可。

那麼，另一個「語言」是什麼？對我來說，就是實驗的結果，一遍遍深思實驗後的結果，就是我認識或了解事物的工具。

― 做勞力工作時要放下人生不得志的想法

我們理解事物時可以透過各種「語言」，物理有物理的語言，化學有化學的語言，哲學有哲學的語言，我們往往透過這些語言（或「工具」）來理解事物，畢竟事物的性質無法一言以蔽之。

更貼切的說，我們理解事物會受到這些「工具」或「語言」的左右。「語言」或工具有很多種，選擇不同的「語言」及「工具」，認知事物的方式也就不同。

　　但多數人通常只會用學到的「語言」認知事物，特別是當大學裡的專家學者告訴你「就是這樣」時，許多人就會以為事情只能那樣想，停止思考新的可能性。但物理其實只是教我們有哪些理解物體的方式，化學也是，哲學亦然。所以，當我們必須使用這些「工具」製造東西時，很容易就只拘泥一個「語言」或「工具」。

　　製造東西最重要的一件事，就是不要忘記有多少種「工具」可以使用，第一個「工具」不行，就要用第二個「工具」來試，第二個不行就用第三個，第三個不行就用第四個，總之，要不斷拿出手邊有的新「工具」來挑戰。

　　不過，我當初開始接觸半導體時，也還沒領悟到這個道理，所以每個人一開始都很容易承襲別人的方法。

　　在進行完全沒碰過的事情時，當然會想先了解你要做的事。但十之八九的人，都會先調查過去的人是怎麼做的，我也不例外，我一開始也是從研讀各種文獻及專書開始。

　　製造半導體需要能讓各種材料進行反應的電爐，但公司買進來的電爐如果沒有加以改裝根本派不上用場。由於沒有研究經費，我就在公司四處收集被丟棄的零件以及廢棄物加以改良。所以，與其說我是研究員，不如說我是小工廠的工

匠。

精煉磷化鎵必須使用透明的石英管。在透明石英管的一端放入鎵，另一端放入紅磷，再將石英管用熔爐真空密封後，拿到電爐高溫加熱，透過化學氣相沉積法提煉出磷化鎵的多結晶。

由於預算不夠，不只買不起電爐，也沒辦法買太多昂貴的石英管。大公司只要買加工好的石英管就行，我卻必須將使用過的石英管切斷後再焊接，不斷的重複使用。

但這種焊接非常耗時耗工，我常常從早到晚一直在研究室不斷焊接。總之，那時我必須自己一個人動手做許多事。從堆磚頭、焊接不銹鋼管、切割石英，到將隔熱材料組合後包覆電熱器、配電、精製玻璃等。

一天使用四、五瓶溫度接近二千度氫氧燃燒器用的瓦斯鋼瓶，每天都是滿頭大汗。

那時，我常有一種自己是焊接師傅的錯覺，不禁感嘆我好不容易有機會上大學，甚至繼續念研究所，並且也以前幾名的優秀成績畢業，做的卻是工匠的工作。

這樣的工作做了五、六年後自己也很害怕，煩悶時甚至會想，我該不會就這樣過了一生吧？一想到究竟為何念這麼

多書，就會覺得人生很沒意義。然而，不管多沮喪，我還是會激勵自己，告訴自己這些都是研究工作的一部分，也是該做的事，一定要持續堅持下去。

只是面對這種艱困和無助，我想就算辭職也是人之常情吧！

一 淡定面對每個月兩到三次爆炸

那時實驗經常失敗，每個月都會發生兩到三次的爆炸。我雖然可以自己動手做石英管，但因為石英管有接縫，很容易發生爆炸。

在我做的實驗中有一種名為「水平布里奇曼單晶制取」的方法，這是一種必須先使石英管達到真空狀態再加溫，讓內部的紅磷與鎵產生化學反應的實驗方式，但若是不小心讓溫度升得太高，或是有空氣進入石英管內部的話，其中的赤磷就會起火，導致石英管爆炸。

赤磷是火柴和火藥的原料，所以整個實驗就像是把火藥密封在石英管裡加熱一樣，只要石英管有裂痕，空氣就會進

入，讓石英管引爆。

由於石英管是我手工製做的，不論怎麼細心焊接都有裂痕，所以常常轟的一聲發出巨大爆炸聲響，聲音之大，連一百公尺之外的停車場都聽得到。電爐當然也被炸飛，赤磷引燃的白煙也瀰漫整個實驗室。由於石英碎片會刺傷人，所以是非常危險的實驗，但因為這種爆炸一個月就有兩、三次，我也就習以為常了。

到後來，我甚至能預感爆炸何時會發生，所以每當石英管爆炸時，我都會身手敏捷的躲向屏風後方保護身體，雖然長年埋首研究，但我身上竟然一個傷痕都沒有，實在相當不可思議。由於實驗室非常狹窄，爆炸時整個實驗室都呈現一片白茫茫的狀況，還有許多著了火的紅磷，如同蝗蟲般在空氣中飛舞，爆炸威力之強可見一斑。

一開始發生爆炸意外時，聽到爆炸聲的同事都會跑來探問：「中村，你還活著嗎！？」我也會全身沾滿白色粉末從煙霧中緩步走出，向大家報平安。

但由於爆炸發生得實在太頻繁了，到後來大家都已見怪不怪，只會在心裡嘀咕：「怎麼又來了」，連看都不來看我一眼，而我也覺得這樣反而比較輕鬆。

一 收不到商品型錄，也沒有業務來訪的鄉下小工廠

記得當時還曾經發生過這麼一件事，也就是要進行實驗，就必須先將各種測量設備與零件都先準備好才行，但在德島縣，特別是阿南市這種偏僻的鄉下，根本不可能擁有齊全的精密半導體測量設備與各式零件，必須特別向大城市的企業訂購這些設備才行。訂購前通常要先打電話請設備公司寄送商品型錄給我們參考，但當時竟然在電話中就遇上了阻礙。

當我才一開口說：「我這裡是德島縣」，對方就立刻問我：「在德島做半導體，要怎麼做啊？」我一邊心想對方真是多管閒事，一邊繼續說到：「我們是比德島市再南邊一些的阿南市」，對方又問：「是別間半導體製造商轉包給你們的訂單嗎？」

我回答：「不，不是別間公司的訂單，是我們公司要獨立開發半導體。」對方雖然立刻敬佩的表示：「哦！真了不起耶！」不過總覺得話中有一種嘲笑意味，而我還是會堅持

請他們寄送型錄過來，但總是等了好幾天還是沒收到目錄。

不只是測量設備會遇到這種情況，像是半導體這種高度精密的東西，用膝蓋想也知道，鄉下地方是無法自行開發的，所以就連一本商品型錄對方也不願意寄，認爲反正寄了也不會有進一步的合作。

總之，那時我打電話向設備公司要商品型錄，往往只有兩、三成的人眞的將型錄寄給我，更不用說是派業務員過來日亞化學。雖然在電話中對方都會客氣地表示：「好的，會找時間過去拜訪你。」但卻從來沒有人眞的來過。就算偶爾有業務員非常難得前來，那也只是因爲愛媛縣西条市有三菱的半導體 IC 工廠，業務拜訪完三菱後順便繞到德島過來玩罷了。

一 不跟從別人的路

就這樣，我剛開始要著手研究半導體時，儘管需要最先進的技術，卻得在沒有資訊、裝備嚴重不足的惡劣狀態下獨自努力，眞的很讓人沮喪。而且，也不是因爲我的能力不

好，只是單單因為身處在偏僻鄉下的無名小公司才遭受到如此的差別待遇，宛如還沒參賽就被提前宣判出局。但我把這股不甘心的心情化做前進的動力，一個人展開半導體的研發工作。

不過，當我後來研發成功後，完全一反過去，每個人都自動跑來圍繞在我身邊，而且我根本連提都沒提，就收到了堆積如山的商品型錄，不僅如此，全日本，不，是全世界的業務都如潮水般向我湧來。

日本企業最不好的地方就是，為人熟知的大品牌就能立即獲得信賴，沒名的小公司就不被放在眼裡，什麼事都用品牌來判斷。

尤其在半導體這種最先進的技術領域更是如此。但我一直認為即使是知名大企業，也不見得一定能研發出最好的東西，而且正因為大企業的人手眾多、組織龐大，面對新技術反而會反應遲鈍。不僅如此，在大企業中從事研究開發的人更容易安於眼前的待遇與職位，導致在最尖端的研究上停滯不前。

事實上，在最尖端技術的研發領域中，幾乎不曾見過大集團或大組織開創出劃時代的技術。因此，就算業務員再怎

麼努力向大企業推銷優良產品，也不會有任何結果。

　　我就看過非常多獨自一人埋首研究，卻有亮眼成績的例子。而且，我甚至覺得獨自一人進行研發反而可以開發出領先全世界的成果，比起在大企業中安於現狀的那些人，那種什麼資源都沒有、只有自信與自傲的研究者才有可能脫穎而出，而我似乎就是如此。

― 十年蟄伏，醞釀驚人成果

　　雖然都不是劃時代的商品，但我在進公司的前十年裡，一步一腳印的研發出三項商品〔即第二章提到的磷砷化鎵（GaAsP）多結晶體、砷化鎵多結晶與單結晶的介面化，以及紅外線與紅色發光二極體專用的鋁砷化鎵（AlGaAs）薄膜結晶成長基板〕。

　　在這段期間，我製造設備的技術愈來愈精進，熔接技術甚至被大家誇讚是神乎其技。十年裡，我每天都在做工匠的工作，做得好也是理所當然，不過，我確實沒想到，這段期間所磨練出的手藝，奠基了我日後重大發明的基礎，

而且，將新發明成功轉變爲商品，也讓我有機會成就更大的成功。

現在回想起來，那時我對從早到晚敲敲打打感到厭倦時，並沒有意氣用事、辭掉工作，眞是正確的決定。那是一段沒有目標、看不見未來的日子，但也可能是因爲我沒有一般人的認知或世俗的價值觀才能堅持下來。

要是我是一個能幹的商務人士，也許我就會思考更多公司和社會未來發展的前景，或是自己的人生方向，在我發現凡事必須自己動手做粗活時，就萌生退意吧？沒有經費、網羅不到最新資訊，我想任何人在這種情況下，都會認爲無論如何都不可能做出好結果，當然也就不會想留在這種研究環境。

不過，所幸我沒有這種世俗的精明和聰慧，我才能日夜埋首於重複的實驗裡，不斷投入產品研發的工作中。

從正面的角度來看，我雖然不斷嘗試錯誤，但總能從每一次的失敗裡獲得改進的靈感，找到適合自己的做法，隱約看見接下來的可行之路，一點一滴向前推進。

一 只要看到可能性，就有未來

我之所以能夠在短短的十年內，成功將三項實驗商品化，應該歸功於每次在錯誤中窺見的可能性。不管爆炸再多次，或是有多少枯燥的熔接作業要做，我都會努力在當中找出一絲可能的機會，心無旁騖地專注於此。

想完成的事，就是我心中最重要的事，就算是失敗了，或是一時看不見前方道路，我還是會告訴自己，如果在這時罷手辭職，等於讓過去所有的努力都化為烏有，好不容易看見的曙光，也都會瞬間歸零。

雖然「失敗為成功之母」是老生常談，但這句話確實有其道理。在我一邊動手打造設備時，往往也對接下來的實驗有了明確的想法，也深知實驗之所以會不順利，基本上都是因為設備不全的緣故，有必要檢查現有的實驗設備，重新組合、運作。但如果所有實驗設備都能輕鬆從市面上購得，我反而不會了解每個設備真正的作用與重要性，當然也就不會在實驗失敗時，注意到那是因為實驗設備不夠完善所造成的影響。

　　我需要的是更精準、更適合我實驗所需，且能得出理想
結果的設備，但這樣的器材往往不是市面上買得到的。而不
屈就於現有設備是研究極為重要的堅持，所以，想成功只有
親自動手做，別無他法。

　　說到自己動手製做實驗設備，就會讓人聯想到完成量子
電動力學理論的朝永振一郎博士，以及與他一同獲得諾貝爾
物理學獎殊榮的理察‧費曼（Richard Phillips Feynman）博
士，他們都是從小在自己的實驗室裡動手拆掉收音機，製造
自己專屬實驗設備的人。雖然也曾經引發火災或爆炸等各種
危險，但他們從小就喜歡窩在自己的實驗室裡，收集各種零
件、工具，用心製造出自己想要的「實驗設備」。

　　理察‧費曼博士就曾說，他之所以能克服困難，將故障
的收音機修好，完全是憑藉他的「毅力」，他有一般人少
有的韌性，若是找不出收音機故障的原因，就絕不肯罷休，
總會想盡辦法找出問題。而且，就算專門修理收音機的人告
訴他「差不多就只能這樣了」，他還是不會打消繼續修理的
念頭。

　　由此可見，開創性的人物和一般人最大的不同，就在於
對熱愛的事物具備了韌性和毅力，我一直是這麼認為。

―體驗從「一百個失敗品」到「一個完成品」的過程

儘管我在動手製造實驗設備時，經歷過無數次失敗和爆炸，經費也不盡人意，但我還是堅持不斷的反覆試驗，因為這樣我才會知道現有實驗設備的問題所在和影響實驗結果的關鍵為何。

研究開發新產品時，即便花再多時間，唯有親手打造出合適的設備，才最能掌握實驗結果，這個方法雖然很笨拙，但這卻是一步一步通向成功的唯一道路，這也是多田修老師教會我的事。

進公司的五、六年後，某家知名半導體製造大廠曾向公司業務表示：「如果能開發出遠紅外線發光二極體專用的薄膜結晶成長基板，就會採購。」但製造這項產品必須委託設備公司，製造液體薄膜結晶成長裝置，而這需要花上一年以上的時間才能完成。當時我心想，這樣還不如自己動手做，結果半年我就做出所需的裝置了。

多數人或許會覺得我的做法很沒效率，認為如果做不到

就乾脆放棄，早點進行其他產品的研發比較實際。

但是，我絕對不會這麼認為。因為我了解經歷過一百次的失敗才開發出的成品是多麼珍貴的經驗。而且，無論在任何領域，研發只存在於未知的範疇裡，如果是輕鬆迅速就能完成的東西，根本稱不上研發。

新產品的研發絕非一蹴可幾。就算事前知道該從何處著手進行，卻往往無法預測最後究竟會做出什麼樣的產品，製造過程中也很可能遇到完全無法預期的突發事件，不僅挫折連連，有時甚至會不知該從何下手。

研發工作既是不斷遭遇各種挑戰的艱難路，也是一條不足為外人道的修行路。或許在外人的眼裡，我們只不過是不斷反覆做著怪事的怪人，但唯有透過雙手一一克服眼前的障礙，才會窺見別人看不見的「可能性」。

─ 別聽「棄械者」的忠告

不論東西大小，只要能開創出全新事物的工作都可以稱之為研發，想要製造出前所未有的新產品，就必須運用各種

知識，使盡全力克服萬難。研發的過程中，也會不斷遇到等待我們一一破解、逐步克服的各種難題，要是一碰壁就想撤退，那就永遠不可能突破困境。

不僅如此，有時就算突破難關，實驗也很可能不會有任何進展，甚至有更難的關卡等著我們，讓我們覺得好不容易費盡心力突破的難關竟是浪費時間。事實上，做過實驗的人都知道，實驗幾乎都是徒勞無功、沒有實質結果的反覆。

當我們發現費盡辛苦、堅持許久的實驗實際上一點用處都沒有時，確實會極度沮喪和氣餒，甚至忍不住悲觀地想，難道人生就要在無數的徒勞無功中空轉，不斷在灰心絕望的情緒中掙扎、苦鬥，這其實正是我初入公司時的心情寫照。

不過，要是在途中就提前撤退，人生就真的一事無成。棄守一百次，不僅一無所獲，而且往後不管遇上任何事，就只會想立刻棄械投降，告訴自己「太困難了，放棄吧」、「繼續做下去也只是白白浪費時間罷了」，不斷爲失敗找理由和藉口。

棄械投降者最常說的話不外乎：「我做過這個實驗不知道多少次了，沒有一次有好結果，我勸你，還是趁早放棄吧，不要再浪費時間了。」好像自己早已做過所有的實驗，

親切的對你提出忠告。

要是就這麼聽從棄械者的建議，收手不做，憑一己之力開創出新事物的機會就會立即化為烏有。事實上，那些對你親切提出忠告、勸你放棄的同伴，幾乎都是沒有成功過的人。

他們通常是因為自己無法堅持到最後，才希望別人像他們一樣草草放棄。這種看似親切的忠告，只會製造出更多像他們一樣的失敗者。

所以，目前的方法究竟可不可行，只能用自己的眼睛來判斷；使用的設備對不對，也只能以自己的雙手來確認。並且隨時抱著：別人雖然失敗了，但自己還是有機會挑戰成功，絕不輕易接受別人的勸退，凡事都要先努力試過才罷休。

我也深深體會到想要攀上高峰，就要堅持到底，即使必須費盡心力，繞道而行，也不能輕言放棄，過程中或許會跌跌撞撞，或是摔得鼻青臉腫，但只要最後能做出令人刮目相看的成品，所有辛勞都將值得，這也是成就一件事必備的基本態度。

― 交出讓人印象深刻的實績

為什麼堅持到最後這麼重要？因為這是我經歷過無數失敗體會到的人生道理。

前面曾提到，我在日亞化學研發課的前十年裡，成功研發出三項產品。那段日子是我不斷嘗試錯誤、從失敗中學習的重要時光。我在那十年裡交出的成績，讓當時的小川信雄社長（現在日亞化學公司會長）對我留下深刻的印象。

當時，他不顧周圍人對我的攻擊，對我提出的預算全力支持。因為他深知，即使我研發出的產品可能賣不出去，但都具有別人所沒有的獨創性，他肯定我的研發能力，慧眼獨具的相信總有一天我可以為公司帶來龐大的收入。不僅如此，小川信雄會長與小川英治社長都非常關心公司的技術開發能力，在泡沫經濟時期不但沒將資金投注於不動產或股票，反而大膽投入技術開發，是極具遠見的開創性人物。

如果我當時也像別人一樣，只看眼前利益，認為如果研發出的新產品若是賣不出去，不如直接放棄；或是因預算不足，就便宜行事；甚至毫無紀律的隨興進行，不但一事無成，

也開發不出任何一項產品。

研發人員最重要的是開發出新產品，否則不管別人稱讚你有多優秀，或是你多會找理由，都毫無意義，沒有做出具體成果，誰都不會把你放在眼裡。無論成果多小，我們都必須堅持到最後一刻，努力達成任務，也唯有如此，別人才會對你刮目相看。

我非常幸運，在研發出新產品時，受到公司會長的青睞。雖然是否能獲得大人物的肯定有時得靠機運，特別是在大公司，要得到高層的青垂更是難上加難。不過，就算不是會長，只要能受到所屬部門主管的肯定，讓別人注意到自己的努力，都是繼續向前拚鬥的動力與機會。特別是在組織中的工作，成功的關鍵往往在此。

運氣好的話，甚至會引起外部人士的注意，只要讓大家知道「×× 公司的○○人研發出相當厲害的東西」，就很可能會接到訂單，就算不是訂單，至少也能引起話題。

例如，讓業界都知道日亞化學有一位負責研發的中村修二非常厲害，就能逐步邁向成功。

拿出「人小志氣高」的精神

原本默默無名的日亞化學，也因為我研發出兩、三項新產品，開始在業界小有名氣。

但是，如同前面提到的，我費了十年時間製造出的三項產品，並沒有為公司帶來太大效益。例如，磷砷化鎵一個月只有五十五萬日圓的營業額，根本稱不上生意。此外，當我拿著紅色發光二極體專用的薄膜結晶成長基板，找當初表示願意採購的半導體製造商時，也被他們以「發光程度不夠」的理由給打了回票。

然而，產品賣不出去的原因並非是品質不佳，或是性能有問題，只是單單因為產品是由默默無聞的日亞化學所研發。

這時，我才終於領悟到社會的現實，就算我努力研發出不輸大公司的優良產品，也不見得可以賣出去。

事實上，當時已有知名半導體製造大廠研發出紅色與紅外線發光二極體的產品，我的產品性能雖然不輸對方，但是貼上了日亞化學標籤就矮人一截。雖然很多人都對我充滿

敬意的表示：「日亞化學公司能夠研發出這麼優秀的產品，真是不簡單啊！」但是，到了談生意時，大家就會面有難色的說：「雖然會想要拿來試試看究竟能不能用，但並沒有要買的打算！」

追問原因後，大家才告訴我：「知名大廠推出的產品品質自然有保證，但日亞化學可就不一定！」甚至還會補上一句：「不過如果是半價就另當別論了！」讓人不知到底是真是假。

總之，一般人總是根深柢固地認為，只要是知名半導體大廠推出的商品就絕對沒問題，沒有半點名聲的小公司若不是推出劃時代的商品，就絕對不會被大家所接受，也因此，我費盡心血開發出的商品最後只能慘澹收場。

雖說賣得不好，倒也不是完全掛零，還是有一、兩百萬日圓的營業額，不過，這種數字對公司是賺不到錢的生意，這樣的產品自然不具意義。儘管十年內我研發出三項產品，但三項產品都沒能為公司賺錢，讓我後來變成人人嫌棄的對象。

當時，在公司裡賣得最好的主流商品是螢光體。對負責製做螢光體材料的同事來說，我根本是公司的米蟲，只會消

耗研究經費，盡做一些賣不出去的產品。

那時，只有我一個人負責半導體的研發，主管都是當紅螢光體事業的幹部，因此我常被罵得狗血淋頭，不是揶揄我：「成天只知道花錢，到底還會幹嘛？我看你從早到晚都在玩吧？」要不就是數落我：「我們辛辛苦苦賣螢光體賺來的錢，都被你拿去浪費了，你怎麼還沒辭職啊？」面對的盡是這類惡毒的話。

甚至與大家一起出差、喝酒時，上司與營業部長仍不斷訓斥我，儘管我比別人努力，只要不能為公司賺錢就不被認可，面對責罵，我也只能啞巴吃黃蓮，埋頭吃飯。

照理說，我不過是按公司的業務方針和上司的指示，努力研發新產品，賣不出去理當不是我的責任才是。硬要說的話，應該是那些叫我研發賣不出去商品的業務與上司的責任吧！

公司的研發方向並非是我決定的，卻要我負起全部的銷售責任，我實在無法接受。那十年裡，我從來不抱怨、不推拖，完全遵照上級命令，盡心盡力研究，在終於做出一點成績時，卻又對我大肆抱怨、批評，實在很沒道理。

不僅如此，公司也從不幫我加薪，比我晚進公司的後輩

都陸續升職，只有我還是個小研究員，實在很不公平。

不公平的對待逐漸讓我忿忿不平，滿腔怒火。

但是，我也沒有因此跟人起衝突，或是衝動地提出辭呈。我還是盡量樂在開發新產品的工作中。只是，如果乖乖聽命行事還被罵得狗血淋頭，也就讓我下定決心做自己真正想做的事，若是一無所成，就算辭職也沒有怨言。

─ 剷除「明哲保身」的軟弱態度

如果總是對別人說的話唯命是從，就絕對不會開創新局，經歷一些事情後，我漸漸明白這個道理。雖然我曾經唯公司是從，不過，我也逐漸了解到公司或組織的奇特運作邏輯。

在公司中，部屬自然必須聽從上司或長官的要求，在工作崗位上努力達成目標，主管也一定會強力要求部屬壓低預算、盡快完成工作。

為了達成上司的期許，員工得拚命努力工作，不惜加班到深夜，使盡全力完成工作，而盡心竭力所交出的成果，自

然是嘔心瀝血之作。

努力完成任務自是員工的職責所在，但照理說，完成當下，工作便應該結束，所以從某個角度來說，產品的銷售狀況應該跟研發者無關才對。

當然，如果產品大賣，研發者也會感到與有榮焉，欣慰自己對公司能有所貢獻，期待著受到表揚肯定，就算沒有被表揚，若是收到獎勵金也會很開心。

但是，公司這種組織真得很奇怪，獲得成功時，居功厥偉的總是頂頭上司或位居高位者，認定商品能賺錢都是因為主管下達的指示正確，我們這些研發者只不過是聽命行事的執行者罷了。

真正與產品關係密切的研發者，彷彿只是實驗室裡一群聽命行事的機器人，完全沒有自己的意志與想法，只會言聽計從執行上司交辦的工作，商品成功都是因為長官睿智英明，指導有方。

可是，一旦銷售成績不佳、東西賣不出去，又怪罪到我們這些在實驗室現場努力研發的工蜂，不分青紅皂白地要我們承擔銷售失敗的責任。換句話說，「成功的榮耀歸於長官、失敗的苦果下屬來扛」，似乎是多數公司的思維邏輯與

運作方式。

面對這種不公平的責難，我改變了想法。因為如果不管怎樣都必須由我扛責，還不如照著自己的想法去做，即使最後被開除，也能坦然接受，畢竟是自己的決定。

總之，我後來想通了，不管是否違抗公司命令，只要我能為公司帶來利潤就應該放手去做，也下定決心照著自己的信念去做沒有人可以做到的事，只有我才能開發出的東西。

也因為如此，我也就再也不考慮成功機率。畢竟如果凡事都要一一在意成功機率，什麼事都無法放手挑戰了。

從某個角度來說，一流大學畢業、進入一流大企業工作的精英，是不斷嘗到成功滋味的人，這樣的人如果想要挑戰新事業，一定會先仔細盤算所謂的勝算，事前調查各種資料數據，算出成功的機率。

也就是在動手之前，就先考量利益得失，找出各種可能失敗的因素，判斷成功率不高後，就會志得意滿、安心地提前終止計畫，這確實是非常保險的做法。但是，所謂的資料也只是過去經驗所累積出的數據罷了，就算蒐集再多的資料，也無法打開通往嶄新世界的未來之窗，當然也無法創造出令全世界驚豔的新技術或新產品。

　　因此，我認為「就算成功機率很低，還是要帶著鋼盔不斷往前衝」，以挑戰的精神、無比堅強的力量為人類開創新頁。如果只想著如何明哲保身、安全降落，就永遠只能在原地踏步。因為成功並非來自資料數據，而是你那堅持達成目標的意志。

─ 誓言挑戰「本世紀無法達成的研發計畫」

　　為了達成目標，我的第一步是直接找公司會長商談。

　　我抱著很可能被拒絕的心情，請會長容許我從事藍色發光二極體的開發工作，因為那時從未有人成功開發出藍色發光二極體，一旦開發成功，必定會為公司帶來巨大利益。

　　如果我是在內部會議上直接提出這項請求，絕對會被當場否決，不僅如此，還會被大家冷言嘲諷，說我有勇無謀，或是腦袋有問題，投以奇怪的眼光。

　　又如果我是大企業的研究員，就會被要求先提出研究計畫書等書面文件，再由組長、課長、部長等多位高層審核；研究計畫也必須引用各種文獻佐證研究成功的可能性，也必

定會被挑剔這個不對、那個不行，這些其實都是浪費時間的無謂流程。

而且，高層若是看到「雖然有多位著名學者曾做過此研究，但都認為此研究應無法在本世紀中達成」的資料時，一定會鐵著臉斥責我說：「你這研究不過是把錢丟進水溝裡的蠢計畫！」使得耗費多時準備的計畫慘遭退回，只能放棄研究；就算企劃成功通過了，也會把預算壓到最低，讓計畫變成「不倫不類的研究」，抹煞我當初滿腔的熱血。

─ 機會不會從天而降，要用實力爭取

這點我倒是非常幸運。雖然周遭人都對我的研究抱持懷疑的態度，但當時的社長（現任會長）卻一聲令下撥出了高達三億日圓的預算給我。

小川會長非常重視研究開發，有著別人沒有的遠見，令我佩服萬分。從螢光體研究開發而成長茁壯的日亞化學，竟願意把預算投注在研究開發上，而不是人人趨之若鶩的股票投資。

　　不僅如此，他也能站在研究開發的角度思考員工的需求。在我直接向他提出請求時，他曾向外界表示：「雖然那傢伙喜歡說大話，不過該做的事還是會做好。無論能不能暢銷，就先讓他好好完成產品吧！因為在我們公司裡，能研發出螢光體以外產品的人就只有中村了。」這些話肯定了我存在的價值。

　　貫徹力至關重要，由於我在公司的前十年曾研發出幾項商品，才使會長認可我的能力，也因為如此，我日後才有機會研究出劃時代的產品。如果只會說大話，實際上卻沒什麼成果，機會絕對不會從天上掉下來。

　　我剛進公司時，公司大約有兩百位員工，十年後成長為三百人的中型企業，但是在這些人之中，做出嶄新製品的卻只有我一人而已。

有企圖心，
就能到你想去的地方

從不犯錯的人，也是從不作為的人。當我們從失敗中學習時，錯誤才能化成助益。

—— 通用汽車總裁史隆〔Alfred Pritchard Sloan, Jr. 〕

現代人不管是誰，都能夠在生活中輕易享受便利的光線。比如說，下班一回到家裡，只要按下開關，就有明亮的光線迎接我們；情侶在餐廳中約會，也能被柔和浪漫的光線包圍，光的普遍讓我們幾乎忘了它的可貴。如果說光線在我們沒有注意到的地方，操控著我們的生活一點也不為過。

— 愛迪生式的「發想轉換」

然而，在發明出照明之前，人類只能利用太陽和月亮的光線，在不安的心情中渡過無數漆黑、令人難以成眠的夜晚，也因此，當人類發現火焰會產生光與溫度的那刻，不僅得到了巨大的安全感，也流露出現代人難以想像的興奮之情。

那一刻起，人類便開始不停的探求各種光源。在發現燃燒油脂可以產生光線後，人類就懂得利用油燈來消除黑夜帶來的不安，而燈籠和煤燈的發明，也讓人類的夜生活變得多采多姿。

說到近代光的發明，不禁讓我想起幕府時期的

黑船事件。大家知道爲何當時美國的培里（Perry MatthewCalbraith）會如此堅持要日本開放港口通商嗎？據說其中一個原因就是爲了鯨油的調度。

因爲當時美國所有的照明和潤滑油都得仰賴鯨油，爲了追捕鯨魚，美國的船隻必須頻繁出沒日本近海，也因此經常發生船難事件。爲了確保捕鯨船的安全，美國政府強烈要求日本政府開放港口。簡單來說，美國爲了獲取大量鯨油，用以提供日益增加的照明需求，千方百計迫使日本結束鎖國政策。

若從這個意義來看，我們甚至可以說日本的文明是跟隨「光」而產生的。

「藉由燃燒物品取得光源的時代」，也就是在愛迪生發明電燈泡之前，占據人類歷史相當長的一段時間，也因此，以「電」這樣的科學力量產生照明，可說是人類史上的劃時代大事，而一八七八年正是人類邁入全新時代的里程碑，值得被大書特書、特別紀念的一年。

愛迪生發明光的方法，可說是「發想轉換」的最佳案例。以燃燒的方式發出光源，氧氣是不可或缺的媒介，因爲沒有氧氣，東西就無法燃燒。然而，愛迪生卻發明出全然不

同的發光物體。他所製造的燈泡是藉由燈絲（電流通過會釋放出熱電子的細線）發光，如果滲入氧氣，燈絲就會燃燒，使照明中斷。因此，必須遮斷空氣，讓燈絲處於真空狀態，才能發光。愛迪生可以說以一個完全不同於過去的構想製造出發光體。

電燈並非透過燃燒物品產生光線，而是利用電流流動時產生的熱能獲得光線，這種燈泡也被稱為白熾燈或電燈泡。

其後人類便不斷開發與改良這種既明亮又可以長時間使用的電燈泡，進入二十世紀初後，更發明了日光燈等氣體放電燈，包括了紅色霓虹燈或橙色鈉燈等等，至此人類開始可以依個人喜好製做出各式各樣的電燈。

一九三八年時，更開發出目前家家戶戶都在使用的日光燈，既經濟，又明亮，並以驚人的速度普及全球。

一 巨大商機潛藏在常識圍牆外

接下來就是發光二極體的登場，一九六二年遂進入了，光的變革期。

　　隨著電子工學的發達及半導體技術的進展，發光二極體也隨之問世。發光二極體的發光原理可說與過去電燈泡或日光燈截然不同。

　　前面不斷提到紅色、藍色的研究，就是所謂的發光二極體。然而，為什麼我會認為這個東西這麼重要呢？這是因為發光二極體「不用將電能轉換為熱能，就能直接產生光」。

　　最顯而易見的就是新幹線或路上經常可見的跑馬燈看版與電子看板了。我想大家都看過新幹線車廂出入口上方的電子新聞看板，不斷反覆登載著「明日天氣，東京，晴轉多雲；大阪，多雲時晴……」的訊息，還有用跑馬燈顯示「即將渡過大井川，全長○○公尺」等資訊。

　　定睛細看，就會發現他們是藉由「類似小電燈泡的東西」閃爍，讓文字出現變化。但由於小燈泡的閃爍變換全在一瞬間，使得我們覺得文字就像在流動。

　　其他像是最近常被裝設在鬧區大樓牆面上的全彩大型螢幕，不斷播放著天氣預報、廣告或是音樂演奏。

　　以前雖然螢幕大得驚人，但影像卻不鮮明，但近幾年螢幕的影像不僅愈來愈鮮明，色澤也變美了，簡直就像是巨型電視機。其實這些都是利用發光二極體的技術發展出來的產

品。而且，因為發光二極體的技術發展神速，使得畫面也愈來愈鮮明美麗。

其他在生活中常見的發光二極體，還有十字路口、平交道及車站月台的信號燈，我們之所以能從遠處輕易辨識號誌，正是因為使用了發光 LED。

這種顯示器並非是靠燈泡發光，而是以精巧的小發光體來發光，將這些如同豆粒般的發光體聚集起來，便能提供我們鮮明易見的光。發光二極體即是以這種迥異於以往的全新思考發明的發光體，極有可能逐漸取代愛迪生發明的電燈泡。

─ 用「半導體」翻轉世界

想要了解發光二極體的構造，就要先知道半導體究竟為何。

所謂的半導體，如字面所云，是指介於導體和絕緣體之間的一種物質。然而，「導體」和「絕緣體」又有什麼不同？導體就是電流易通過的物質；絕緣體則是電流不易通過的物

質，亦稱非導體。

　　一般來說，物質是由原子構成，而原子又是以中心的原子核及周圍的電子所構成。這些都是小學或中學的自然科學課教過的內容，每個人都有的基本概念。不過，接下來要說明的原理可能就有點複雜了。

　　若對原子施加熱能或光能，位於原子最外圍的電子也就是價電子，便會吸收這些能量，而價電子會躍遷至較高的「能階」，可以將此簡單理解成價電子往更高的能量位階（能階）爬升。

　　原子決定了能階的高低，而電子無法停留於能階與能階之間。最早關注這個現象的人，就是在量子力學領域中赫赫有名的丹麥理論物理學家波耳（Niels Henrik David Bohr）。

　　在物質中，由於原子會與周圍眾多的原子相互發生作用，因此能階與一個原子單獨存在時不同，會呈現出帶狀擴散般的形狀，這個帶狀物，我們稱之為「能帶」。

　　物質處於能量狀態最低時（能階處於最低時），電子會充斥於最下方的能帶中，這個帶稱之為「價帶」（Vanlence）。若能從外部提供價帶必要能量，也就是說，

若能給與電子由下往上跳躍的必要能量，價電子便會往上方能帶的能量狀態移動，在躍往周圍原子的同時也能夠使整個物質轉動。這個轉動價電子就是導電電子，而傳導電子活動帶則稱為傳導帶。

此外，價帶與傳導帶的中間是無位階之處，該處由於沒有所謂的能帶，因此電子無法存在，這個地方稱為「能隙」。

物質便如同上述般，是由價帶、傳導帶，以及其間的能隙所組成。若價帶與傳導帶距離接近，換句話說，就是能隙狹窄的物質，只需要少許能量，價電子就能夠輕易從價帶移動到傳導帶，可以很容易成為導電電子。

將這種物質的其中一端連接電池正極，另一端連接負極，價電子就會因為獲得電能而無窒礙地往傳導帶移動，這就是電流的流動。像是這樣容易形成導電電子的物質，我們將它稱為「導體」。

相反地，若是價帶與傳導帶相距太遠，如果沒有巨大能量的護送，電子是無法躍遷至傳導帶的，也就是說，電子很難轉變為導電電子，電流難以流動，這便是被稱做「絕緣體（非導體）」的物質。

例如，金、鍍、銀等物質就是導體，而電流無法通過的

雲母或是聚乙烯（polyethylene），則為絕緣體。簡言之，電流容易流通的金屬稱為導體，電流不易流通者則稱為絕緣體。

　　介於導體和絕緣體之間的物質，便稱為「半導體」。換句話說，半導體的價帶與傳導帶間的能量區域大小介於導體與絕緣體兩者之間，例如，鍺或矽即為半導體的代表物質，這些物質我們稱之為「真性半導體」。至於化合物即如前面所提到的砷化鎵（gallium arsenide），當然也算是半導體。

　　在鍺或矽等真性半導體中添加其他元素材料（不純物），可於結晶內產生運送電的粒子。

　　此時，帶電洞〔帶 Plus（=positive）電荷的粒子負責傳送電〕之半導體稱為 p 型；帶電子〔Minus（negative）的價電子〕半導體則被稱為 n 型。將此 p 型半導體和 n 型半導體相接，使其一體化後，所形成的接合半導體即被稱做「二極體」。

　　接著，對此 pn 接合半導體施加順時鐘方向（電流流向）電壓的話，pn 接合界面上的電子便會往能量較低處掉落。此時，便會以產生光線的形式釋放多餘的能量，這便是二極體發光的原理。至於要放出怎樣形態的光，則必須依落下的

能量（能隙能量）與電磁波波長的關係而定。

一 藍色發光二極體爲兵家必爭之地

問題出在光的顏色。紅色、橘色、黃色都是二極體容易開發出來的燈光顏色，因此很早就已經被商品化了。時任東北大學、現任岩手縣立大學校長的西澤潤一教授即開發出紅色發光體，名震當時業界，另外，綠色發光二極體大致也算研發完成。

接下來就是波長更短的藍色、紫色發光二極體是否能研發成功。在一九九三年以前，要開發這些顏色的發光二極體幾乎被視爲不可能的任務。因爲雖然全球的研發機構和大企業無不投入巨大資金，競相開發，卻都徒勞無功，無法使其商品化，甚至普遍認定藍色或許就是發光二極體的極限。

然而，何以藍色對發光二極體的開發如此至關重要？全世界爲什麼那麼迫切想突破這道難關，爭紅雙眼企圖領先開發這項產品呢？而且，既然紅色發光二極體已經研發出來，爲何還要執著研發藍色發光二極體呢？如果紅色發光二極

體就足夠明亮，又何必繼續發展藍光，只要加以應用紅色不是就足夠了嗎？

當然不夠。因為若能成功研發出綠色或藍色發光二極體，就能應用三原色（紅色、綠色、藍色）組合出任何顏色，發光二極體的應用便可以無限延伸，讓大型的全彩顯示器不再是神話。

除此之外，發光二極體還能顯著延長發光體的使用壽命。目前使用於紅綠燈等交通號誌上的燈泡，每年都必須進行更換。不過，若是改用發光二極體，使用年限至少延長十年以上。

關於藍色發光二極體的功效，後面的章節將會有更多的敘述。總而言之，一九七○年代中開始，全世界都紛紛投入藍色發光二極體的研發。

─ 與其憑恃「常識」，不如賭上熱忱

我在日亞化學研發課的研究成果不被認同，讓我憤怒至極，在一半賭氣，一半相信自己的判斷下，我直接越級找社

長商量，希望公司讓我研發藍色發光二極體，那時周遭的同事都對我投以冷眼，心想：「這麼難的東西，就憑你這個傢伙也辦得到嗎？」認定我絕對不可能做到。

全球頂尖企業或研究機關聚集最優秀的腦袋也弄不出來的東西，怎麼可能由德島縣這種鄉下地方一個默默無名的中小企業研究員研發出來呢？

或許真是如此吧！或許實在非常有勇無謀吧！當初就連我自己也這麼認為，我只是為了賭一口氣而決定投身這個不可能的任務，也不覺得自己一定能夠研發出藍色發光二極體。然而，一旦開始研發，我就進入如同過去十年，完全沉浸在「沉思默考」的世界，也就在那時，我的腦子開始出現「我或許真的能夠研發出藍色發光二極體」的預感。

如同前面所提到的，從精製鎵到用於紅色發光二極體的鋁砷化鎵的結晶物，都是我自己一個人動手做出來的，研究模式也像過去一般。第一年沒有任何研究結果，公司開始對我愛理不理，然後中斷我的研究經費，但也讓我可以更加埋首研究。

我自然也因為沒有任何研究成果而感到意氣消沉，甚至陷入一種極度低落的心情中，但也讓自己進入了「沉思默

考」的狀態，埋首於研究，並出現置之死地而後生的強烈決心。也因而如果完成一項新發明，或是有了新的突破或發現，就會讓我爬出谷底，繼續往商品化的路上走去。

當人跌落谷底時，剩下的就只是爬出去而已，在谷地的谷底，我閃過了一個直覺：或許我能成功研發出藍色發光二極體。

我與全球學者或是大企業研究員最大的差異就在於，大企業與研究單位都是由跨領域的專業人士一同分工進行研發，而我卻是從頭到尾獨自一人親力親為，而且還是在對半導體、發光二極體毫無基礎背景的情況下，獨力進行研發。因此，我很自豪那段日子裡，自己學會了所有關於發光二極體的相關知識和開發工作。

即便是大企業的研發單位或大學裡的學者專家，應該也沒有人能夠像我一樣，有辦法從頭到尾、鉅細靡遺地了解發光二極體吧？大部分的研究人員應該都是在各自的領域有其專業能力，對於其他領域全然不熟，這些研發機構就是將這些人聚集起來，從事研發工作。

相較之下，我必須獨自一人調度零件、組裝設備、逐一親製所有實驗裝置，也因此讓我徹頭徹尾了解發光二極體的

每個構造。

從結晶形成階段到完成發光二極體的無中生有經驗，不僅帶給我許多自信，完全自學而來的發光二極體技術也讓我非常自豪自己的能力，這些都是帶領我不斷突破困境，往藍色發光二極體研發之路邁進的動力。當然，我也很清楚藍色發光二極體能創造莫大的商業利益。

一般人即便明白半導體或發光二極體具有極大的商業利益，但也都認為這種高度專業的東西，就交給研究者或大學研究室處理就好。所以，當我說要研發藍色發光二極體時，那些半導體相關產業人士或許會覺得我很厲害，但一般人頂多只會心想：「是嗎，但跟我沒有關係」，毫無任何興趣。

── 只要精熟工作，就有能力「創新」

的確，我所處理的發光二極體是極為專業的領域，是一般人連入門在哪都摸不著頭緒的未知世界。所以，都以為在這樣領域成敗與否並不會有太多人在意。

　　然而，也並非一定如此。例如，我只是在一個偶然的機會下，以上班族研究員的身份，進入了高度專業的發光二極體研發領域，努力不懈達成目標，最後獲致了成功。

　　我想不管是哪一個領域，處處都隱藏著成功的芽苗，只是大多數的人都沒有注意到，或是即便近在眼前，也不願意伸手觸碰，再不然就是做到一半就打退堂鼓。

　　其實成功對我來說也是一線之隔的驚奇。我在德島大學讀的是電子工學，後來直升研究所繼續鑽研，從未到過工廠揮汗工作過。而我之所會想做半導體，也是因為沒有什麼可以賣的商品，公司業務可能只是偶然讀到報紙的介紹，才向公司建議，總之，我可以說是在完全沒有計畫的情況下順勢而為。

　　因此，若是計畫進行到一半時，因為發生了阻礙，而被迫宣告中斷，我想我也不會有任何怨言。只是，我是一旦開始做一件事情，就會完全投入其中，半途而廢會讓我很不舒服。在絕不放棄，堅持目標的漫長歲月中，讓我看到了「藍光礦脈」，挖掘出價值非凡的巨大「金礦」。

　　在現代這種高度科技化、資訊化的社會裡，或許正如大家所言，「成功的礦脈」只藏在極度專業的領域中，已經不

是僅靠著周遭之物就能直接取得成功的單純時代。比如說，現在已經不是看到蘋果落下，就能有重大發現的時代，雖然這種劃時代的發現並非完全不可能，但機率已經微乎其微。

因此，現代所有的重大發明或發現，幾乎都必須具備某種程度的專業知識才有可能。如果要研發出高技術性的東西，就必須擁有最新資訊，否則將很難獲致成功，也因此，發明在現今無疑已是愈來愈難的事了。

然而，若因爲這樣就放棄也未免太可惜了。研發劃時代的商品對一般人或許很困難，但對相關領域的人來說，有時就像一般常識般的簡單。

例如，漁夫想到蓋大樓、打地基會覺得很困難，認爲要蓋出一棟不會倒塌的高樓困難重重，但對建築專業人士來說，只要不是特別難處理的案件，通常按表操課就可以完工。相反的，對建築人士來說，只靠一根釣竿、釣線、釣鉤和魚餌來釣鮪魚，簡直就是「神乎其技」。「一本釣」對其他人確實困難至極，但對漁夫來說，不過就是日常工作的一部分罷了。

總之，成敗的重點往往在精通的程度。對於工作精通的程度愈高，就愈容易完成旁人眼中看似極爲困難的工作，

這也是專業者能輕鬆面對難題的原因。同樣地，對一項工作愈是精通，也愈能了解該工作的難處。而我之所以能成功，這也是一個相當重要的關鍵。

我從磷化鎵結晶形成的實驗開始，在累積無數次實驗失敗的過程中，逐漸精熟發光二極體的製造，我焊接技術的精進正是最好的證明。

當我練就出絕技的同時，藍色發光二極體的大門就為我敞開了。

― 愈尖端的技術，愈需要「工匠技術」

在這個科技瞬息萬變的時代裡，技術的習得已經成為成功與否的首要條件。然而，該如何應用這些學來的「武器」，便是決定一切的關鍵。我在前面也曾提到，不管在哪個領域，處處都潛藏著成功的芽苗。但要打開這扇成功大門，需要的是高度的技術能力，或許有人會認為「這就必須要有高學歷、高技術、好環境，而這只有大企業才做得到」。當然不是這樣，我就是最好的例子。

　　我一開始也完全沒有半導體的相關知識或技術，正如我不斷強調的，我幾乎是從零開始出發，在不斷失敗的落寞日子中學習技術。有時，看到大企業的研究員坐擁豐富資源，毫無阻礙、自由自在地進行研究，我甚至心生憤懣，覺得很不公平，但我卻從未放棄，並且一心一意只想著如何讓眼前的實驗成功，而且對於這件事情絕不馬虎，就這樣在不知不覺中，練就出高度的技術能力。

　　因此，當有人說要從事發光二極體的開發必須具備高度技術能力，我也絲毫不懼怕。每個人都一樣，並非一開始就有技術能力，都是透過孜孜不倦的練習與累積，只要不安逸、不輕言放棄、凡事親力親為，我想不管是誰，都能夠練出一身好本領。

　　從早到晚努力不懈，不管是再怎樣笨拙的人，技術都會愈來愈好，我就是如此。若想要一步登天，反而容易出錯。

　　踏實的研發建立在踏實的努力之上。只要能夠腳踏實地的努力，必然能練出大師級的技術。而且不管從事如何尖端的技術，都必須具備工匠的技術，甚至愈是纖細的尖端科技，愈是需要大師級的工匠精神。也就是說，尖端產品的開發，往往出乎一般人意料，會在一些很「單純」的地方決定

勝負。

── 無法成為愛因斯坦，也能成為愛迪生

談到「單純」，還有一個要提醒大家的，那就是所謂新產品的芽苗，其實往往存在我們生活周圍非常單純的小處。

愛迪生發明白熱燈泡正是如此。燈絲並非愛迪生的發明，燈絲其實已是眾所皆知的東西，只不過找不到正確的材料。一八七○年時，碳素燈絲被認為是最有可能的材料。

愛迪生因為改良了水銀排氣幫浦和發明了碳素燈絲，突破了長久以來的瓶頸，成功製造出能連續發光四十小時以上的電燈泡。

但若要產品化，就必須再進一步改良燈絲材料。也就是說，最初使用碳化的木棉線，使發光時間受到很大的限制。

愛迪生注意到了竹子，他決定使用竹子燃燒後形成的碳化物做為燈絲，於是他請人到世界各地蒐集竹子回來。京都近郊八幡的竹子，就是因為這樣獲得採用，之後持續十年都是以京都的竹子做為電燈泡材料。

當然，發明電燈泡是一個極具獨創性的過程，但要將這個新發明產品化，普及於世的關鍵，卻意外地單純，竟是來自你我身旁的東西。

我所謂每個人都握有開創新商品的鑰匙，指的就是這樣，竹子明明就存在我們身邊，我們卻從不會注意到，而留意到的人往往就成了掌握大商機的勝者。

讓松下電器走進全世界的松下幸之助便是如此。他的成功其實也是建築在非常單純的事物上。當時他只是將既有的零件進行改良，研發出雙插座，就使公司得到飛躍性的成長。松下幸之助所做的其實就只是把當時每個人都在使用、常會看到的插座，稍微加工而已。

本田技術工業的本田宗一郎也是如此。本田成為世界品牌的契機在於改良了現在所謂的「摩托車」，也就是電動機腳踏車。當時本田宗一郎將「機器腳踏車」這種穩定度不佳的交通工具加以改良，研發出二輪車。

事實上，我們的生活中充滿像這樣巨大的商機種子，只是多數人不是窮於應付工作，就是寧願將時間花在玩樂上，從不費心留意身邊的機會。其實只要願意花點心思，注意周遭，就會發現這樣的機會俯拾皆是，處處充滿商機。

我也是這樣發現藍色發光二極體蘊藏無限商機的。對於一個研究者來說，藍色發光二極體絕對是一個蘊含無限可能的研究題目，讓人想要投身其中，全力挑戰。我就是一直抱持這樣挑戰的心，不斷奮勉工作，才有今天的成就。

正如愛迪生所說的：「天才是百分之一的靈感，加上百分之九十九的努力。」我相信無論是任何人，就算無法成為愛因斯坦，但都有可能透過不斷努力成為愛迪生。

― 留學讓我深信自己的「技術能力」

我決定挑戰愛迪生，想要開發出和愛迪生的電燈全然不同的發光體，而第一步正是藍色發光二極體的研發。

當我下定決心挑戰藍色發光二極體時，不僅曾向小川社長爭取高額的研究經費，也請他送我到美國留學。

我當時一方面獲得了三億日圓、占日亞化學總營業額1.5%的破天荒研發預算，一方面獲准前往佛羅里達大學進行一年的留學。之所以選擇這所大學，是因為想習得研發藍色發光二極體必須使用到的「有機金屬化學氣相沉積法

（Metal Organic Chemical Vapor；MOCVD）」。

我的英語當然完全不行，因為從國中開始，我就對國語、社會等背誦型科目討厭到會出蕁麻疹的地步，而英語更是打從一開始我就不感興趣的科目，所以，我怎麼可能會說英語！

並不是我的記憶力不佳，我的記憶力甚至比其他人好。例如，我在研究發光二極體時，完全不做筆記，所有資料庫全都建構在我的大腦裡。如果是自己喜愛的東西，就算要我思考一整夜也不覺得苦；但遺憾的是，英語並未包括在其中。我的英語會話能力，大概就只有國中生的程度。

然而，就算我的英語很差，為了賭一口氣，留學也沒有帶給我太多的不安。

而且，如果去美國，就能與世界各地的研究人員交流，光是這點就讓我期待萬分。若能與他們交換意見，不僅能知道許多過去在德島縣鄉下沒想過的資訊，也能讓研發獲得良好的刺激，向前推進一大步。想到這點，我就對留學美國雀躍不已。

只是，期待與現實往往是兩回事。當時我是為了要學習半導體結晶的製造技術才前往美國，但美國做的卻全是我早

就知道的東西，我不但學不到任何新東西，就連技術也無法獲得提升。

不過，這也代表我的製造技術和設備能力已在不知不覺中達到世界級的水準。雖然技術上沒有任何可學的新東西，但對於自己的研究方法正確無誤，以及相信自己能力不輸美國，這趟留學倒是極富意義。

─ 被忽略時，更要發憤圖強

不僅如此，還有一點對我也極具意義，那就是到了美國後，我深深體會到「不寫論文，就不被視為研究者」的殘酷現實。

我在佛羅里達大學留學的那年，常會被教授或同學問到：「你有沒有博士學位？」我只有在德島大學修完碩士課程，沒有繼續往上進修博士，當然沒有博士學位，所以只能回答「No」。聽我這麼一說，對方一定會追問我：「那你有寫過什麼論文嗎？」我也只能回答「沒有」。

因為進入日亞化學的前十年，我雖然進行過各式各樣的

研究與實驗，但研究成果往往受制於公司機密，無法逕自對外發表。也因此，在那之前的研究，都沒有在學會或是任何期刊上發表過，所以我也只能回答「沒有」。

既沒博士學位，又沒發表過論文，美國人會如何解讀呢？在日本，大家會體諒這種情況，認為或許是因為有什麼特殊原因才如此，會先聆聽對方的理由，再給予適當的建議。換句話說，在日本無論是否有博士的頭銜，或是發表過論文，只要是研究人員，在某種程度上都會給予一定的認可。

但在美國，這樣卻是不被認同的。當對方聽到你回答「No」時，態度就會丕變，原本一直把你視為可以一同切磋學習的同行，也會立即改變態度，不把你放在眼裡，認為你不過就是個技術人員罷了。

從來沒有發表過論文，使我從一個研究者變成只有在組裝設備、人手不足時，才會被叫過去幫忙的勞工。同學或老師都不會叫我去參加研究會，就算我出席了，也會被當做空氣，不被放在眼裡。

這樣的屈辱是無法用言語表達的。如果自己沒有任何成果，或是沒有實力，被這樣對待我還可以接受，因為我只需

要對自己的無能感到悔恨，然後努力達到水準就行了。

但我並非如此。我在研究成果與技術能力上都不輸任何人，而且還曾將研究成果具體商品化過，成績可說是有目共睹，但卻因為我沒有博士學位就將我所有的成績全盤否定，讓我很難接受。

― 與其悔恨，不如化打擊為強力動能

在這樣的情況下，我並沒有學到任何東西就回日本了。這趟留學，我只帶回了「極度不甘心」及「誓不罷休」的心情。就算我每天像工匠一樣，勤奮工作，不管我技術再怎麼高超，或是交出再好的成果，這個世界仍舊不會把我視為合格的研究者。於是，我對自己發誓，一定要牢牢記住留學時被人看不起的恥辱，督促自己寫出令他們刮目相看的論文。

這種「若不回擊，誓不罷休」的情緒，在我挑戰任何新發明或新目標時，一直都很重要，這個精神可說是我能量的來源，甚至可以讓我腦充血地去對抗與處理任何挑戰。假使沒有這個能量，我想我會慣於偷懶，找個安逸之路逃走。

畢竟比起面對苦痛，人往往容易選擇輕鬆快樂的道路。

但是這樣就不會有任何改變。如果調整改變，向前邁進，是一種所謂的「進步」，那我想在安逸的路上，是不會有任何進步。如果缺少推倒高牆或是打破障礙的魄力與能量，不論經過多久也很難有所進展。

從這個意義來說，我從美國帶回的「若不回擊，誓不罷休」的心情，反而成為我日後衝刺的能量。因為我若要讓那些羞辱我的人刮目相看，就必須做出新發明，將新的實驗成果寫成論文發表出來。

我也因此下定決心，要做出被視為二十世紀不可能完成的藍色發光二極體，寫出令世人讚嘆連連的論文。

雖說如此，但我那時其實並沒有把握能成功研發出藍色發光二極體，有的只是決心寫出論文而已。

回頭細想，人生中有兩次打擊，很可能是促使我去挑戰研發藍色發光二極體的重要動力。一次是因為我在工作上向未交出成績，被公司的人罵我為廢物垃圾時；另一次則是留學時被同學看不起。

一般來說，一次打擊就足以讓一個人成功，可是我卻有兩次，而且是連續的重擊我，一般人遇到這樣的狀況應該早

就意志潰散、棄守了吧！

但不知是否因為我是個不受制於世俗思維的怪人，兩次的打擊，反而讓我蓄積了更強大的動能，使我異常的專注於研究工作。在藍光研究開始後，我就不再與任何人說話，一年三百六十五天，我不去開會、不接電話、不交際，全心全力投入藍色發光二極體的研發工作。

─ 野心和無盡利益的「綜合體」

那時，史坦利（Stanley Electric Co., Ltd.）和惠普（Hewlett-Packard Company, HP）等大廠，皆紛紛成功開發出紅色和橘色的發光二極體。也有企業正在開發綠色與藍色發光二極體，說是綠光，其實卻是接近黃光，藍光反而接近綠色，加上發光度不夠強，都仍處於無法大量應用的階段。

我想要成功研發出連這些大企業也做不到的東西，也就是亮度充足的藍色發光二極體。但是，藍色發光二極體到底可以用來做什麼呢？其中一個很重要的功用，就是可以做出白色的發光二極體。

　　我們日常生活中，隨處可見到所謂的白色，但白色其實是一種由許多極為細膩的顏色所組成的混合體。由於組成過於細膩，使得人類肉眼無法辨識出其複雜性。也就是說，雖然白色看起來似乎是毫不複雜的顏色，但事實上卻是一種極為複雜的顏色，而在這複雜的白色裡，藍色是不可或缺的一色。

　　因此，若是沒有藍色發光二極體，就做不出白色發光二極體。換句話說，就步驟而言，得先研發出藍色發光二極體，才有辦法做出白色發光二極體。一旦白色發光二極體問世，目前正廣泛使用的愛迪生發明的電燈泡，將很有可能走入歷史，因為發光二極體的壽命不但比電燈泡長，而且節能效果更好。

　　光一個白色發光二極的好處，就可以延伸出無限的可能性，創造出利益龐大的市場。

　　現在全球電燈泡的市場規模為一兆三千兩百億日圓。如果我成功將白色發光二極體商品化，並使其取代目前市面上的電燈泡，簡直就是夢幻般的成功，而這個利潤還只是限定於電燈泡而已。

　　當然，我一開始要研發藍色發光二極體時，完全沒有意

識到這項技術有可能衍伸出如此「瘋狂」的商業利益，我只知道若我成功研發出藍色發光二極體，將會帶來莫大利益。

然而，讓我開始奮力研究的契機，卻是兩次打擊的憤恨不滿，我雖然沒有把握能夠成功研發出藍色發光二極體，但這股誓不罷休的憤怒卻是我突破萬難的動能。

顛覆常理，
才能創造不凡

若說我現在是成功的，那麼我的過去就是由所有的失敗所建立，而工作是失敗的連續。

———— 本田技研工業創辦人本田宗一郎

　　結束美國留學生活回國後，我馬上投入了藍色發光二極體的研究，但最先面對的問題即是，決定發光二極體的材料。

　　研發發光二極體必須先將藍寶石基板以攝氏一〇〇〇度以上的高溫加熱，使材料結成晶體後，再做成好幾層薄膜，然後在這個結晶的材料上使用某種物質決定發光二極體的顏色，並以製做薄膜品質的好壞決定開發成敗。

　　當時，只有碳化矽、硒化鋅、氮化鎵三種材料被用於藍色發光二極體的研發上，其中碳化矽雖然能發出藍色光芒，但僅能發出昏暗的藍光，所以發展性深受質疑，多數研究者都是以硒化鋅及氮化鎵兩種材料進行研發。

　　但是，氮化鎵又有難以形成晶體的嚴重缺陷，所以多數企業和研究員都選用硒化鋅做為藍色發光二極體的主要材料，日以繼夜投入開發工作。

─ 避開「穩贏的」，走一條無人之徑

　　如果我們假設有三種方法可以獲至大成功和大商機，其

中 A 是大家都認為可能性最低的方法，B 則是有嚴重缺陷的方法，而 C 是幾乎所有人都認為可能性最高的方法。

如果是你會選擇哪種方法呢？以常理判斷，相信任何人都會選擇方法 C 吧？如果用賽馬比喻，A 是連起跑都會跌跤的馬，B 是跑起來腳或腰會疼痛的馬，C 則是能好好跑完的馬。

認為 C 穩贏不敗應該是很正常的想法，而影響勝敗的關鍵似乎也就是如何讓 C 跑完全程。

在藍光的開發上，C 就是硒化鋅。換句話說，如果把 C 的騎師當做研究人員，即便是慢慢的，只要讓馬正常跑完，還是可以研發出藍色發光二極體。

事實上，全世界也都是這麼認為的。藍光開發被認為是一場看誰先到達終點的賽馬，只是這場競賽被認為是二十世紀裡無法得出結果的賽事。所以，一般人都認為選擇硒化鋅做為藍色發光二極體的材料很理所當然。實際上，大型企業的研發中心，或是大學的研究室幾乎都選用硒化鋅做實驗。

可是，我反而把這穩贏的材料排除在外。雖然不能說成功機率是零，但我選擇了幾乎只有幾個研究單位在使用的氮化鎵。

這在當時可說是非常沒有常識的判斷，之後我也時常被問到：「為什麼那時會選用氮化鎵做為材料？」我每次都這麼回答：「因為我已經置之死地了。」公司嗤之以鼻的態度讓我非常憤怒，於是我決定選擇人人都說不可能成功的材料，置之死地，讓大家對我中村修二刮目相看。

—「置之死地」背後有著嚴謹的盤算

然而，其實也並非如此。的確，從出發點來看，我好像是因為是賭氣，想下猛藥看看是否有起死回生的機會，結果竟讓我給試成功了。沒錯，如果問我是否有置之死地的絕望心態，的確是有。所以，每次我被問到為何選用氮化鎵，我都會回答：「因為已經到了絕望的地步了。」這點我的確沒有說謊。

但是，我之所以選用氮化鎵的關鍵思考，其實在於「比起硒化鋅，用氮化鎵做為藍色發光二極體的材料其成功機率幾乎是趨近於零」。換句話說，我的目光是放在不完全是零，而是趨近於零的可能性上。

　　這個「可能性趨近於零」的賭注，其實是從我過去的經驗獲得的判斷，是我去美國之前得到的經驗，也就是即使我與大型企業或是頂尖大學的研究室做出同樣的研究，但在商品化時我卻會無法與之競爭，開發紅色發光二極體時便是如此。

　　我開發的產品明明不輸大企業，只因為是日亞化學這個無名公司的產品，就無法熱銷。我嘗過這個苦頭，所以不想再受到這樣的對待了。

　　如果單單只是做研究，我或許不會想到那麼遠。因為大型企業的研究員與大學的學者最大的不同地方就在，腦袋裡要時時安裝「能賣，還是不能賣」的問題，因此，研發一項產品時，我就會思考這樣東西掛上日亞化學的牌子是否也能賣，這也是我不得不選用這個大家都不看好材料的原因。

　　當時，幾乎所有的大企業都用硒化鋅做為研發藍色發光二極體的材料，換句話說，假使我也使用這種材料，即使研發成功，在商品化的階段也很可能會輸給大企業而滯銷。

　　況且，比起硒化鋅，氮化鎵的可能性雖然趨近於零，像是有勇無謀的選擇，但這不過是世界的一般認知罷了，即便被公認為是業界常識，但也一直沒有人以硒化鋅研發成功不

是嗎？

　　從這個角度來說，硒化鋅也不算是什麼世界常識，只不過是一廂情願的想法罷了。這種常識根本沒有列入考慮的必要，許多人往往只是被常識迷惑，不帶任何質疑就選擇硒化鋅做爲研發材料。

　　所以，就算選擇被認爲是「可能性趨近於零」的氮化鎵來挑戰藍色發光二極體，我認爲也沒有什麼好不可思議的，畢竟這是任何大企業都沒有在用的材料，如果能研發成功，就可以做爲日亞化學的獨家商品大賣特賣了，這也就是我的盤算。

─ 在常識的線上，沒有表演舞台

　　事實上，我還有另一個盤算，是和極爲個人的私事有關，那就是消解去美國時所嘗到悔恨，沒有寫出一篇論文讓我當時深受打擊，所以我要寫出一篇讓世界上的學者和研究人員都會嚇到的論文。

　　若要達成這個目標，選擇常識性的硒化鋅做爲研究主題

是不會有用的，因爲應該不會受到任何人的關注。我深知在所有想得到的、被進行的研究當中，已沒有我這種鄉下人表演的舞台。所以，我必須把非常識當做研究主題不可，「可能性趨近於零的賭注」也和這個個人願望有關。

然而，決定選用氮化鎵時，直覺告訴我用這個就可以寫論文了。因爲這不是任何人都會選擇的題目，所以，即使現實上沒有辦法達到將藍色發光二極體商品化的目標，但將氮化鎵的研究寫成論文，也可以滿足我內心的願望。

寫論文是當時我唯一的夢想，雖然完全沒有藍色發光二極體可以用氮化鎵製做成功的確切證據，但我想光是能寫出論文也足夠了。

── 不可輕忽「看似憨慢的方法」

現在想來，在進行這個研究時，我做了一個對自己極爲重大的決斷，那就是我完全不讀他人的論文和參考文獻，決心只從自己的實驗結果思考研究方向。

過去十年裡，我的研究方式大概都跟大家相同，也就是

從調查他人的研究論文或實驗結果開始，認為與其自己從零開始，不如參考他人的成功或失敗案例較為安全，不僅研究可以比較順利，做白工的次數也會減少，也因此很多研究者，都會先從調查過去的**數據**或參考文獻出發。

可是，過去十年的經驗讓我發現，這裡有肉眼看不見的陷阱，那就是「不論是有意識或無意識，我們很容易不知不覺就會完全模仿這些人的方法」，而這會導致什麼結果？就是會以同樣的敗因失敗，很明顯的，這種方式只不過是在複製失敗而已，完全踏不出前進的一步。

複製他人的方法絕不是壞事，只要不囫圇吞棗他人所寫的文獻或論文就好，也可以親眼確認這個方法的確不行，或是沒問題。

但問題是，長久這樣下去，就會完全無法從他人的方法中跳脫出來。因為愈是模仿就愈無法創新，愈是確認就會被這些方法所束縛住。

尤其是遇到研究往好的結果發展時，就會以為從這條線再跨出一步就可以達到目的地了，大家很容易認為如此，或許這是必然的思考。但是，我希望大家不要誤解，因為用這些方法實際上都無法保證成功。當你認為已經快到伸手可及

的目標時，眼前卻出現一面阻擋去路的巨型高牆，這種例子可以說要多少有多少。

相反地，一開始起步困難重重、讓多數人沮喪而抽身的方法，一旦突破後，就出乎意外順利地朝目標前進的例子也很多。

總之，新產品的開發就像是在視線被遮蔽的叢林裡摸索前進，想著別人的方法都不可靠反而比較好。

就是基於這個想法，讓我決定在開發藍色發光二極體時，刻意不讀他人的論文。我不想模仿別人，決定純粹只從自己的實驗結果判斷方向。在某種含意上，這或許是一種繞遠路的方法，以關西人的話來形容，這是看似憨慢的方法，可是，對我來說，這卻是最實在的方法。

雖說不看前人的論文，但我卻針對自己過去的研究和實驗結果做了全面性的檢討，並以這些實驗結果爲基礎改裝設備，實驗再實驗，檢討再檢討，這樣每天持續不斷的往自己的目標前進。

簡單說，我要徹底排除模仿他人，以屬於自己的方法，也就是我那套重視實驗結果的自學法，徹底做出自己想要的成果。

一 腳踏木屐登上聖母峰

要製造出藍色發光二極體，首先必須做氮化鎵薄膜。而製做薄膜會使用到前面所說的有機金屬化學氣相沉積裝置（所謂氣相指的是氣體，成長指的是製做結晶）。也就是把做為氮源的氨，做為鎵源的有機金屬鎵氣化後，如噴漆般噴到藍寶石基板上的一種設備。而用這個裝置是否能夠製做精美的薄膜，則是掌握藍色發光二極體能否開發成功的重要關鍵。

能夠做為半導體的材料「必須是晶格上沒有缺陷，帶有精美晶體結構的物質」，過去，這在世界上是一種常識，晶體結構愈是均一，延展得愈是精美，電子與電洞就會更有效率地結合而轉換成光。相反地，若有缺陷，電子與電洞就會在那缺陷中被綁架住，無法產生光而轉化成熱能。

而我選用的氮化鎵帶有不容易結成晶體的嚴重缺陷，而且氨與有機金屬反應會產生附加生成物，導致阻礙氮化鎵晶體的形成。所以，在鑽研這方面研究的專家看來，選擇氮化鎵肯定是在做比「穿著木屐登聖母峰」還要困難的事，

簡直是瘋狂的舉動。

　　然而，一旦做了就必須堅持到最後，所幸也有在反應裝置上動些技巧就可以製做優質氮化鎵膜的報告。所以，就像在研究紅色發光二極體元件時，我不畏艱難地從裝置上下手，親手改良每個環節。每天早上七點上班後，我就專心改良裝置，中午前進行設備改裝，下午則做反應試驗，這段時間每天就是一直重複這些工作。

　　但問題是，即使一直重複做實驗，氮化鎵還是沒辦法形成精美的晶體。雖然我在藍寶石基板上灑上反應氣體，但因為反應溫度高達一○○○度，會在基板上產生強烈的熱對流，所以氣體往往因熱度飛散而無法形成晶體。

　　時間不知不覺地飛逝，就這樣過了半年、一年。

　　剛開始時，公司或許是賭上那些微的可能性，也或許是社長一聲令下，編列了不少預算給我。可是半年、一年一直做不出結果，公司也就開始不願意編列經費了，但改良裝置是需要足夠的金錢。

　　在做不出結果時，我是多麼地不安。不僅對重複冒險性的實驗感到焦慮惶恐，對於其他大型企業研究室裡有眾多精英集結做研究，而我只有一個人，也不時浮現「這真的可行

嗎」的疑慮。

特別是出席學會時，周遭環境與我的研究方向和實驗結果截然不同，令我實在相當錯愕。一位名校的知名教授就曾斬釘截鐵地對我說：「用氮化鎵是做不出來的！」聽了之後，我也深受打擊，慌張地心想：「果然不行啊！」那瞬間就連個性不服輸的我也不知不覺洩了氣，失去了鬥志。

── 無視電話、會議，閉關研發

不過經過半年多之後，我又開始集中精神做研究了，逐漸消除心中的不安。實際上，是腦袋裡沒有裝不安思緒的空間了，因為在專心做裝置改良與實驗工作時，便隔絕周遭的干擾，一天二十四小時只有藍色會出現在我的腦袋裡。

過去十年，因為我的研究內容必須和外面的業者接觸，所以研發課總是有接不完的電話，每次電話一來只好中斷實驗。然而，在做藍色實驗時，若沒跟在反應裝置旁邊就無法進行實驗，因為裝置是手動的，必須時常打開、關閉閥門才行。因此，實驗開始半年左右，我早上進公司投入實驗後，

就完全不接電話了。現在反應裝置上雖然裝有電腦的自動化開關，但當時還只是手動裝置而已。

後來我也開始不出席會議了。因為與其去開那些無聊的會議，還不如專心觀察反應比較重要。而且，我不只不接電話、不去開會，也逐漸不跟人開口說話。雖說那時我在公司裡的談話對象，只有我底下的研究助理一人而已，但那時我幾乎也都不開口跟他說話了。就這樣，我全完無視研究以外的事情，一頭栽進藍色的世界裡。

想當然耳，我在公司裡也漸漸被當成怪胎。

選擇氮化鎵這種可能性只有、甚至低於百分之一的研究材料，某種程度來說，得看自己的命運了，而可用的武器也只有實驗結果與忍耐而已，這些忍耐包括了必須不斷往下再往下的思考研究結果。

「就算一再改良，為什麼我還是做不出氮化鎵膜？」我每天都在反覆想著這個問題。

太太說我那時好像被什麼東西附身一樣。但是，我那時雖然投入，也沒有熬夜不歸，總是晚上八點回到家，跟家人一起吃晚餐。因為我知道就算全身投入實驗到生活不正常，也不會因此做出結果。這是國中、高中在排球社所得到的經

驗。那時，明明三百六十五天每天練習到快要吐了，但成績卻也只是縣運會的最後一名。因爲如果沒有練習的方法，只是一直重複無謂的訓練，不管做多少，也不會有好成績，這是那段時期我深刻體會到的事。

所以，雖然我認爲自己必須比別人更加努力，但也會留意生活上的規律。只是太太看到我的樣子，會覺得我好像做研究做到著魔了一樣。

生活雖說規律，但回到家的我卻很少開口講話，與家人去旅行，也在想著實驗。走到哪裡，腦袋裡只想著藍色的問題，思考著該如何做出氮化鎵晶體。

一 谷底閃現的微光成爲突破的關鍵

「爲什麼做不出氮化鎵的晶體？」我把自己推進了谷底，不斷鑽著牛角尖，做不出結果，就反覆思考爲什麼，還是做不出結果，就再次反問自己，就這樣一而再、再而三地逼迫自己，漸漸眼裡開始毫無旁鶩，完全集中精神做研究。

讓自己從早到晚一個人集中精神思考，想著想著，人就

會漸漸跌入思考的深谷。如果把自己逼到沒有退路的狀況下到底會如何？之後其實就只要爬出來而已，後來我發現這就是我研發出產品的法則。

前面提到我研發的三種產品，也是用這樣的法則做出來的。當被周遭放棄，當成空氣時，我就開始集中精神做研究，若結果不如想像中滿意，我就會陷入思考，深深地潛沉到自我裡時，靈感就生出來了。

開始投入藍色研究後約莫一年左右，我就進入這樣的狀態，於是某天腦中突然閃現一個點子，有預感我會做出閃閃發光的藍色光芒。所以，人只要走到絕路的谷底，之後就只有爬上去而已，意識到走到谷底對我來說是走向成功的開始。

很不可思議，當你相信決定性的想法要浮現出來時，就真的會跑出來。

「如果反應氣體是因基板的熱氣而飛散的話，那麼就用另一個氣體從上往下噴，把熱對流給壓制下去不就好了！」

　　我苦惱到最後想出來的辦法就是這個。於是，這個辦法就變成我突破困境的決定性轉機。

　一 爲什麼「藍色」只對我微笑

　　其他的研究者或許沒有想到這個技巧，就算有想到，也沒辦法執行吧！爲什麼這麼說？因爲我認爲這若不是熟知實驗裝置的人是不會想到的點子。只涉獵文獻和論文，實驗裝置委託業者改良的研究者，一定只會想到其他的手法吧？若不是自己動手改造裝置，絕對不會想出這麼細微的點子。

　　如同前面反覆強調的，我很慶幸自己對於實驗裝置從頭到尾、大大小小都瞭如指掌。我經常鑽到龐大的實驗裝置下，流著滿身大汗，全身是傷的做著實驗。我連一個小小的缺失都不放過，試圖完全掌握每個環節，只要發現問題立刻補救缺失。

　　就連反應爐也一樣。我使用自己下工夫自製的加熱器，選擇了適當的材料。因爲要製做氮化鎵的晶體，需要把裝置裡的藍寶石基板加熱到攝氏一〇〇〇度，然後在藍寶石基板的表面上把氮氣跟氨氣從旁邊噴散出去，但因爲氨氣的腐蝕性較強，加熱用的加熱器會立刻停掉，導致無法做出薄膜。

　　這時，首先要思考什麼樣的構造可以使以氨氣爲燃料的

加熱器不會停掉，但這只能靠感覺而已，為了能讓反應氣體好好附著在藍寶石基板上面，只能改良再改良反應管的型狀。我在十年苦幹實幹的職人生活中累積了許多智慧，如果將設計圖畫好，拜託外面的人改良，光一個小地方就要等好幾個月了吧！這樣重複試行錯誤到最後，我終於抓到氣流和加熱器最佳的配置方式。

此外，成為我研究突破一大契機的壓制氮化鎵因熱對流而飛散的氣體噴射方式，也是經由反覆試行得到的靈感，過去，其他研究者只是以對著基板面的垂線，從四十五度角傾斜方向噴射反應氣體，也就是只從一個方向噴散氣體而已。

而我想到對著基板面幾乎平行的方向噴散氣體，並從上面噴射氣體來壓制熱對流的方法，再順著這個想法來改良裝置，我自己把這個裝置取名為「雙氣流 MOCVD 裝置」，決定用來實驗看看。

這個雙氣流裝置要把氣體流量或是流速、溫度等條件最佳化至少也得花上一個月的時間。如果是大企業，就會要求進行氣流體的流動解析，以確認做法是否正確可行，但我靠的只是直覺、專注力及實驗而已。

就這樣苦思到最後，我終於成功讓氮化鎵結成晶體了。

─打破「常識」的高牆，跨越「不可能」的界線

藍寶石基板的表面上有沒有形成精美的氮化鎵晶格，只要以在晶體表面上流動的電子速度來計算就可以知道。晶體愈是完整，電子的速度就會愈快；可是若有缺陷，能量便會轉換成熱，使晶體被燒壞。發光二極體的壽命若是如此短暫，就不具任何意義了。

既然是被寄望用來取代白熾燈泡的產品，就非得要延長壽命不可。也就是說，電子的速度要愈快愈好。在晶體表面流動的電子速度是用「電洞遷移率」來表示，當時世界上最高的紀錄是 300。

一九九一年八月，約莫中午十一點時，我就如同平常一樣觀看著研究室電腦跑出來的實驗數據。當時我突然「啊」地大叫一聲，因為報表上所顯示的電洞遷移率測定值是500。

剛開始我只是想該不會是什麼地方搞錯了吧？因為世界紀錄也才只有 300，這個數據比紀錄還多衝出了 200。就

算這個數據沒有問題，大概也只是某個小角落裡偶然形成的一個完美晶體而已。就這樣，我以為自己又必須再次沉潛思考不可了。

所以，我就將基板上形成的晶體切割成幾塊碎片後，做了好幾次的測試。但是，任何數值都顯示出是 500 左右的高檔數據。而這究竟代表什麼意義？使用雙氣流裝置製做氮化鎵晶體，結果跑出了世界最高的數據，也就是說，世界最棒的晶體薄膜問世了。

這瞬間是我人生中最開心的一刻，因為過去我從未嘗到世界第一的滋味。

我無法壓抑成為世界第一的喜悅與興奮，說什麼都必須抓住氣勢開始寫論文，但公司向來禁止員工發表論文和研究成果，如果被發現，我可能會被炒魷魚。

然而，那時的我已經覺得無所謂了，心想要炒就炒看看，就這樣轉換了我的心態。畢竟研發出藍色發光二極體必定會為公司帶來龐大的利潤，就這次，我想按照自己的意思做看看。

因為我之所以挑戰研發藍色發光二極體，並選用氮化鎵做為研究，最大的目的就是寫出一篇讓全世界「啊」一聲大

叫的論文。何況這次研究還跑出世界最佳的成績來，不可能就這樣默不吭聲，無論如何都要把它寫成論文，一掃在佛羅里達受到的屈辱。

那之後，我就從早到晚關在實驗室裡持續寫論文，完成後就投稿到國際評價極高的《應用物理學快報》（*Applied Physics Letters*）期刊。

這是一本非常具有權威性的學術雜誌，不是隨隨便便的人就能刊載論文，因爲審查非常嚴格，但我的論文馬上獲得刊登。只是若是刊載在雜誌上，公司高層就會發現，我想到事情會東窗事發，所以就先申請了專利，而且是以公司的名義申請。

後來，也就是在一九九一年要結束的年底，我開發出能大量生產氮化鎵 p 型半導體的方法。就如前面所述一樣，p 型半導體與 n 型半導體互相接觸所結合的元件就是二極體，可是在用氮化鎵做爲材料的研究上，n 型半導體可以很輕易的做出來，p 型半導體的製做在過去卻是很困難，這也是過去世界上的研究者都會對氮化鎵敬而遠之的一大理由。

不過，那時已經有團隊在做有關 p 型氮化鎵半導體研究。這個團隊採用的方法是添加鎂使氮化鎵形成晶體，並用

「電子線照射」的方式製做。可是這是相當花時間的方法，而且沒辦法將內部都做成均勻的 p 型。

我試著用這個方法，照射電子線後觀察氮化鎵晶體表面的溫度，研究溫度變化的情形，結果，表面溫度高達攝氏 600 度。

後來我想到，若是不用電子線照射這種花時間的方式，改用加熱器加熱不也是一樣嗎？於是，在我加熱到攝氏 800 度左右時，就完成了誰也未完成過的高品質 p 型氮化鎵了。而且，這個方法可以連內部都形成均勻的 p 型半導體，還可以在短時間內大量生產，這是藍色發光二極體朝實用化大步向前的劃時代方法。

專業性的說明在此我就不贅述了，但我要強調這一連串的開發，是走向高光度藍、綠色發光二極體，以及紫光雷射開發的重要突破。

這個開創性的成果也證明我沒有落入「模仿他人」，而是透過不斷深入思考實驗結果，用我長久累積的智慧和經驗打造出來的設備裝置，發揮獨創力的最好證明。不久後，我也成功用氮化鎵製造出全世界最佳的膜片，並完成藍色發光二極體的試做。

雖說只是微弱的光亮，但還是讓我走到發光的這一步了。這一切都要拜我當年在實驗室不服輸、認真做黑手的經驗所賜。

後來，自己動手打造的裝置常常跑出世界第一的反應結果，幾個月之間就連續開發出世界第一和世界首度的發明。那種快感如同在宇宙中漫遊，像是一個人在誰也未曾踏進過的宇宙中旅行一樣，眼裡所看到的和手裡所拿到的都是全世界最早問世的產品。

這段時間過得真的很開心，是人生中最美好的一段時光。

― 短暫喜悅中的「大衝擊」

然而，喜悅卻是如此的短暫，我因為一則報導深受打擊。

那是一則關於美國一家製造大廠成功開發出非常趨近於藍色的青藍光雷射報導。他們所使用的材料，果不其然，是被大企業或大學視為穩贏的硒化鋅。

　　完成雷射開發可說是劃時代的大事，因為雷射的開發需要比發光二極體還要難的技術，所以，完成青藍光雷射的開發，也等於完成了發光二極體。

　　這則報導傳開後，業界對於硒化鋅的期待也突然跟著升高。在這之前，我所使用的氮化鎵與硒化鋅受青睞的程度，大概是一比一千左右，硒化鋅有著絕對的優勢，而這則報導又將兩者間的差距拉開到一比一萬。

　　雜誌和電視都紛紛報導未來不管是藍色發光二極體，還是藍光雷射都要靠硒化鋅了，甚至連氮化鎵將成為歷史的評論都出現了。

　　因為我的藍色發光二極體仍在試驗階段，亮度也不強，老實說這則報導真是給我重重一擊，心中不時出現「這招果然還是不行」的沮喪想法，甚至還咬牙切齒地說：「難道用氮化鎵做出世界第一的成果，也比不上硒化鋅嗎？」但是既然走到這一步，我手上能用的牌也只有氮化鎵而已。

　　正好那時我應邀出席應用物理學會在日本召開的大型會議，或許是硒化鋅成功製造出青藍光雷射的緣故，使得參加者擠爆硒化鋅的發表會場，即便是五百人的大會議廳都還是擠不下，整個走廊人滿為患。

　　比起硒化鋅的會場，我所研究的氮化鎵又是什麼樣的光景呢？就是在大約四十人左右的小教室裡，只有發表人、主持人和兩、三位聽眾而已。在那小教室角落旁聽的我顯得很渺小，眞是一場相當凄涼的發表會，發表人只有少數幾位，所以很快就結束了。

　　因爲有關藍色發光二極體的研討會只有氮化鎵和硒化鋅兩場而已，所以會後我馬上趕到硒化鋅的會場。因爲現場爆滿擠不進去，只能在走廊的角落裡聽著裡面傳來的討論，那時，我注意到我前面一位知名大學教授與友人談起了氮化鎵。

　　他說：「好像還有人在用氮化鎵做研究，他們眞的覺得用那東西可以做出發光二極體跟雷射光？他們是呆子嗎？」把我這樣的人批評的一文不值。

　　不過有趣的是，這位將我們這些人稱做呆子的名教授，現在也在做氮化鎵的研究，有時候想想，這眞是所謂勝者爲王的現實世界。

── 再次鼓動「小蝦米的氣魄」

不管如何，美國的那則報導真是個大打擊。讓我覺得即使寫出了論文，卻輸掉了開發上的競爭，但我除了用氮化鎵讓研發成功之外，手上根本沒有其他牌可打。

由於我的論文在美國受到很好的評價，因此收到了一封伊利諾大學教授的邀請函。信中邀請我到聖路易發表一場演講。雖然是場小型會議，卻是有關氮化鎵研究的第一場國際會議。大約有一百多人參加，而那位用硒化鋅製做青藍光雷射的研究員也在受邀之列。

聽完他們的發表後，我發現硒化鋅雷射在性能上有個致命的弱點，他們的確開發出發光二極體和雷射光，但是壽命卻極為短暫。雷射光僅有 0.1 秒的程度，而發光二極體則約 10 秒左右，兩種都只能以秒為單位，而且還是在液態氮降溫時的數值，如此就不能說是已經開發完成的產品，我感覺到用氮化鎵仍存著一線希望。

因為我的氮化鎵系的藍色發光二極體，亮度雖然昏暗，但是壽命在室溫底下卻可以維持一千小時以上。之後，我便

帶著受到些許鼓勵的心情，站上了發表講台。

畢竟是排在雷射後面發表，我的東西相形之下有點弱掉。但發表結束後，我卻受到比前場還要多的迴響，全場聽眾無不熱烈鼓掌，「你的發光二極體比較優」、「你的發光二極體雖然亮度昏暗，但壽命非常長，用氮化鎵大概能夠成功」的讚美不絕於耳。

這些反應讓我有些吃驚，因為就算壽命比較長，但比起硒化鋅的亮度，我的實在太暗了。因為他們除了研發出很亮的發光二極體外，連雷射光也都做出來了，怎麼想都覺得我處於弱勢，但美國這場研討會的迴響遠比我想像中的好。

我感覺到氮化鎵還沒輸，於是帶著一定能夠獲勝的自信回到了日本。

就如前面提到的，雖然氮化鎵熔點高、成膜困難，但反過來說，這也是它具有耐熱且經得起長時間使用的優點。相信氮化鎵還有希望的我，為了提高藍色的光度，於是把開發的準星對準在雙異質結構的研究上。

所謂雙異質結構是我在加州大學聖塔芭芭拉分校的同事，也就是二〇〇〇年諾貝爾物理學獎得主赫柏特・克勒默博士（Herbert Kroemer）所發明的理論。簡單來說，兩種半

導體所結合的東西就是雙異質結構，如果能夠做成，半導體的性能就會更好，更有機會完成雷射光的開發。

只是爲了製成這個，就必須製做出氮化銦鎵（InGan）的晶體薄膜做爲發光層，但當時還沒有人成功做出氮化銦鎵的晶體薄膜。在其他的報告上有提到，氮化銦鎵的結晶是非晶體狀（原子的分布是在不規則性的狀態），具有在室溫下幾乎不會發光的特性。爲了要形成在室溫中能發光的氮化銦鎵晶體，我後來靠著雙氣流式的 MOCVD 裝置，領先世界率先研發成功。

這段日子可以說是在不斷反覆實驗，等待成果中渡過每一天。

一 爲理想寧成公司逆子

在苦惱實驗的那段時間裡，我也背負一個麻煩問題，也就是與公司之間的關係惡化，我像是完全不聽公司指令的逆子。

公司對於論文的反應我也假裝不知道。那篇藍色發光二

極體試作品的論文，即使是登載在美國的雜誌上，還是很快傳回日本，關西的製造商就有人看到這篇論文，馬上打電話到日亞化學在大阪的業務部，問道：「你們日亞化學最近是不是做出很了不起的東西？」大阪的業務經理聽了之後，馬上打電話到我這裡詢問：「唉，中村，你知不知道藍色發光二極體的事情？快告訴我是哪個單位做出來的。」但是如果老實承認恐怕就會沒完沒了。

我只好回答道：「那種事我怎麼可能會知道！」假裝當做沒有這回事，甚至有人直接打電話到德島總公司，由於來自各地的詢問電話不斷，事情終於還是瞞不住。某天早上，我進公司後發現桌子上留著一張紙條，上面寫著：「沒有上司的允許，禁止投稿論文」。

我仍裝作沒這回事，不屑地認為只要能幫公司帶來龐大利潤，他們就沒什麼好抱怨了吧！

── 以長遠的眼光硬是「違抗命令」

另一個問題是，公司知道我做出了藍色發光二極體後，

立刻要求我盡快將東西商品化。雖然說光線還很昏暗，但我研發出的藍色發光二極體比起市面上已經有的碳化矽的藍色發光二極體（當時由於市面上沒有其他藍色發光二極體，雖然用途相當有限，可是還是被廣泛運用）能發出兩倍高的功率，是藍色發光二極體之中，功率最高的。

所以，立刻商品化的命令就這樣下來了，公司大概是推測比起過去的產品，只要稍微明亮一點就可以當商品賣了吧。可是，我連這個要求也把它給踢開了，因為我的目標是明亮的藍色發光二極體，並且要放進雷射光的開發計畫。為此，需要先有雙異質結構；為了雙異質結構，我不斷反覆做實驗。因為若是完成雙異質結構，昏暗的藍光應該就會明亮百倍。當然，沒有達到這個程度，我的發明也就沒有太大的意義了。

雖然順從公司把現在的東西商品化相當容易，但問題是這樣馬上就會被其他公司追過去，尤其是大企業，過去十年的開發經驗，讓我對此徹底體悟到骨子裡了。

所以，不管公司說什麼，或是被上司責罵，我決定無論如何都要達成自己的目標，在沒做出令自己滿意的明亮藍光之前，要一直做下去。於是，我完全忽視被催促商品化這件

事，繼續反覆做實驗，持續寫論文。但這種狀態大約持續了一年，與公司的關係也到了近乎危險的地步，不過我已覺得無所謂了。因為比起這種事，實現夢想對我來說比什麼都重要，而且我確信最後這個東西一定會替公司帶來龐大的利益。

─ 毅力成就一連串的世界第一

一九九三年十一月，投入藍色開發後的第四年，我終於做出了讓自己滿意的藍色發光二極體，這是比起過去都還要明亮百倍的新產品，並擁有不輸紅色發光二極體的亮度。可以做為三原色使用的純藍光已經完成了，被認為在二十世紀裡不可能發生的二極體開發夢想，竟是由地方小企業的研究員完成的消息震撼了全世界。

藍色發光二極體的結構是「發光層是用氮化銦鎵，而把發光層夾成三明治狀的包層是使用 n 型氮化鎵與 p 型氮化鋁鎵（AlGan）層的雙異質結構」。能研發成功是因為我的雙氣流式 MOCVD 裝置發揮了威力。而且添加了鋅不純物的

氮化銦鎵中，改變銦混合的比例後，發現發光的波長可以改變到 530 到 430 奈米（奈米為十億分之一公尺）。這就表示，改變銦混合的比例，就可以控制綠光、藍光、紫光的發光範圍了。

一九九三年十二月，發表藍色發光二極體的商品後，我接著著手開發藍光雷射。在雷射的開發上，要將極薄的氮化銦鎵薄膜多層堆疊做為發光層的工序相當複雜，這種結構被稱做多重量子井結構（江崎玲於奈老師所發明，曾獲得日本賞。就是一種把量子井層及被稱做阻礙的薄層，交互堆疊後的結構鑲進元件裡）。

將這個結構同樣用到發光二極體後，就可觀測到更高光度的藍光及青藍光。就在一九九五年，多重量子井結構的藍色、綠色發光二極體也成功商品化了，這就是現在市面上所販賣的發光二極體的構造。

一九九五年的十二月，以氮化鎵系做為材料的雷射也在世界首次發波成功。

當時，一般都認為即使能夠製做發光二極體，但要做出氮化鎵系雷射仍是困難的挑戰。實際上，我所開發的氮化鎵系藍色發光二極體的缺陷很多。晶體缺陷密度每一平方公分

就有十的十次方個大。

也因此才會被認為即使能做出發光二極體，雷射還是很難做出來。因為一般都認為，晶體缺陷密度會大大影響雷射壽命。例如，實用化的紅色發光二極體的晶體缺陷密度是每平方公分百個單位左右。被視為最有可能當做藍光雷射材料的硒化鋅也是多達百個到千個單位。

或許是我太樂觀了吧，一直相信二極體若能夠發光，雷射也應該沒問題才對。但這個樂觀的想法正是引導我走到了雷射的脈衝振盪那一步的關鍵。雖然晶體缺陷密度減低到十的八次方個單位，但雷射的膜質基本上跟二極體沒什麼兩樣，這也是以過去常識無法想像的事。

事實上，雷射振盪成功後，有位大型電機製造商的技術人員驚嘆不已的對我說：「這是常識無法想像的元件結構啊！」所以後來世界上的研究員都在研究「為什麼氮化鎵明明都是缺陷還能發光」的問題。

就是這樣，雙氣流式的 MOCVD 裝置完成後，使我做什麼都是世界首度，交出一連串「打破常識」的驚人發明。

一 世界才是拚鬥的舞台

而後，我也開始常受到各種國際會議的邀請，要我發表演說。然而，公司基本上還是禁止員工寫論文和前往學會發表。

只是，實在有太多演講的邀約了，公司雖然有些不情願，但也漸漸允許我參加，只不過一年十場以上的邀請，也只允許我參加幾場而已，所以，一半以上我都推辭掉了。

記得一九九六年，半導體物理國際會議邀請我去做特別演講，那時，我對這是什麼性質的會議一點概念都沒有，但因為一個月之前我已經接受一個演講邀約，所以如果又接受半導體物理國際會議邀請，等於連續兩個月都參加研究發表。雖說那時的我在公司的聲勢如日中天，但我判斷公司不可能連續放行兩個月，所以就自己把這個邀請給推掉了。

可是，之後我又收到對方的傳真，請我一定要接受邀請，但我再次拒絕。就這樣反覆接到兩、三次的請託，而我也不斷推辭，最後我不耐煩的丟著不想管了。

就在那時，我為一場國內會議來到東京，會中碰到友人

提起了這個半導體物理國際會議的事情，我告訴他說：「就算我不斷推辭，對方還是纏著不放，那個半導體物理國際會議到底是在搞什麼？」

聽我這麼一說，友人露出吃驚的表情說：「你說你推掉了特別演講的邀請？你是傻了嗎？那個會議的特別演講過去只邀請諾貝爾獎等級的人，應該還來得及，趕快馬上回信說你要參加吧！」我也嚇了一大跳，趕緊回信表示有受邀的意願。

一 創造出難以複製的成功

就這樣一九九三年發表藍色發光二極體、一九九五年發表明亮的綠色發光二極體，半年後，足以取代愛迪生白熾燈泡的白色發光二極體也完成了。同一年，世界上首次的氮化鎵系半導體雷射發波也成功了，一九九九年也走到了紫光雷射實用化這一步（本來是想開發藍光的雷射，結果是波長更短的紫光雷射開發成功）。

總之，有關發光二極體與雷射，日亞化學一直獨占鰲

頭，登記專利許可的件數實際上多達一百二十八項，申請專
利的件數也達到五百件。

　　我的發明刺激了世界各國的研究人員，全球的大企業、
研究所都一窩蜂地從硒化鋅轉跳到氮化鎵的研究。這是幾年
前那場淒涼的氮化鎵討論會無法想像的光景，現在幾乎已經
沒有人從事硒化鋅的研究了，所有企業都放棄硒化鋅的研究
了。

　　我所開發的二極體和雷射構造，不但寫成了論文，也
一一商品化了，所以只要能解析其中原理，任何人都能夠了
解、製造，但卻沒有一家企業或研究室能夠做出像我一樣優
質的發光二極體或雷射。市面上其他公司產品的亮度只有我
所開發的一半。如同前面不斷提到的，這是因為沒有人能夠
完美改良 MOCVD 的關係。

　　大家都認為發光二極體和雷射是最先端的科技，但如果
要我說決定這最先端技術的關鍵到底是什麼，答案其實就只
是反應裝置的技術。而這個反應裝置是我一邊努力改良市售
裝置，一邊反覆測試做出來的完美設備。

　　我所開發的藍色發光二極體和綠色發光二極體，被大量
應用在像環法自行車賽等大型運動賽事以及搖滾音樂會的

大型移動看板上，為公司賺取龐大的利潤。

此外，全球為了節省用電，交通號誌也逐漸採用發光二極體。如果美國將所有的白熾燈光號誌都改用成發光二極體，估計一年約可節省兩百二十億日圓的經費。平均一個使用白熾燈泡的交通號誌所消費的電力，一年約一千八百日圓，若改用發光二極體約只要兩百日圓就可以解決。

二〇〇〇年之前，由於發光二極體的單價還相當高，所以速度緩慢，但相信不久的將來，所有的號誌都將會換成發光二極體，而且不單只在美國，也會擴散到全世界。

事實上，一九九九年六月，新加坡政府已經發布國內五萬九千座的交通號誌，全部都要換用三色發光二極體。

— 讓藍色發出無限光芒

不僅如此，還有一個被看好的龐大市場，那就是汽車市場。在歐洲，已有六成左右的汽車裝有高光度的紅色發光二極體，煞車燈即是其一，而富豪汽車及福斯汽車等大廠也都率先開始利用白色發光二極體做為車內燈。

　　除此之外，在美國白色二極體也用在像飛機的室內燈或是儀表板的照明上，因為以前曾發生過儀表板爆炸而使飛機墜落的意外。又例如，大家都知道美國的電燈泡常因電壓問題而爆裂，在日本也曾發生過小學教室日光燈爆裂，使學生受傷的事件。這是因為真空管用的是玻璃材質，才會時常發生意外。而發光二極體沒有用到玻璃，所以沒有這方面的危險。此外，在日本，照亮自衛隊飛機起降跑道的也是白色的二極體。

　　手機用的背光也是利用藍色發光二極體，至於電視，肯定會有大改變。傳統的彩色電視機是靠著把紅、綠、藍三原色的電子射線照射到被稱做映像管的螢光體上來顯現各種顏色。但是，如果運用發光二極體，只要電流流通就可以發光，所以不僅會很有效率，使用壽命也可更長，價格也渴望更便宜。不僅如此，還可以做到大又細緻的畫面，甚至還可以追求超薄型。如果能量產，市場規模將難以估計。

　　光是在照明用途，市場規模就可達到十到二十兆日圓，甚至有人認為會超過這些數值。

　　半導體雷射也被期待為 DVD 等記憶體帶來飛躍性的發展。半導體雷射的功能在於把資訊寫進 DVD，或是將資訊

從 DVD 讀取出來，有與黑膠唱片的「唱針」一樣的功能。

由於我所開發的紫光雷射，比從前的雷射波長都要來得短（一九九五年開發完成的那個時點上，紫光雷射已被確認為世界最短波長的雷射，依照之後的開發情形，可確認在常溫下連續波動雷射光達到一萬小時），可以將每單位的記憶容量帶來飛躍性的成長。

所謂 DVD 就是數位多功能光碟的簡稱，簡單說，就是新世代高密度、大容量的 CD。所以，DVD 要真正的實用化，無論如何都要有開發記錄或讀取大量資料所必須的藍光、紫光、紫外光的短波長雷射光。

這或許可能有些難懂，簡單來說，這就像是以前只能放進一部電影的 DVD 光碟，現在可以放進十部的感覺。像《教父》這種長篇電影，以前可能需要兩片光碟，可是現在只要一片就可以解決，而兩片 CD 的貝多芬交響曲也可以全部放進去。

還有，靠著使用藍光雷射就可以提升電腦效能，創造出許多令人驚訝的成果。

此外，戰略武器上的應用也是一大改變。控制飛彈需要使用到電腦，不過電腦的資料紀錄現在是用 DVD。如果說

電腦效能的好壞會決定戰時的優劣勢，使用如藍色短波長雷射讀取 DVD 或電腦程式，就能有壓倒性的優勢。

這是因為同樣大小的 DVD 光碟裡可以存取十倍大容量的資料，但最大的差別在於速度，使用藍光雷射的 DVD 比過去 DVD 的讀取速度還要快一個進位。也就是說，飛彈發射的速度也可以快一個進位，預料這將會對兩伊戰爭上使用的雷射導引飛彈出現決定性的差異。

不僅如此，藍光雷色也可能應用在潛艦的通訊上。由於海是藍色的，所以潛艦內的訊號必須是天空藍，而藍光雷射可把過去不可能從潛艦發送通訊的情況化為可能。藍光雷射也可能被用在藍色宇宙中的衛星通訊上。

像這樣，短波長雷射從海裡到太空，存在無限大的發展空間。相信在不久的將來，要實現所謂高速通訊時代，短波長雷射將是不可欠缺的存在。從號誌、街上的大型顯示板等周遭生活環境，到導引飛彈的應用、海底及宇宙的通信等各種龐大海空計畫，都會用到藍色發光二極體與紫光半導體雷射。

而這個不得了的東西，竟然是由一個德島縣偏僻鄉下的上班族研究員開發出來的。大企業的研究員及大學裡的學

者，皆能在充足的環境下做研究，在日亞化學這樣的小公司裡，所有事情都必須自己親自下工夫不可。

現在想來，這反而是我的幸運也說不定。從某個角度來說，人是愈飢渴愈有動力。飢渴精神常被用來形容體育界的成功人士，可是我卻覺得研發商品也極需這樣的挑戰精神，因為飢渴的心會帶你翻山越嶺，看見不一樣的人生風景。

人要有做傻事的決心，沒有飢渴的精神是難以達成艱難的目標。

— 一路成功的人難有堅強的韌性

即使從明星高中、一流大學畢業，進入一流企業工作，成為公司捧在手心的精英份子，或是坐擁龐大研究經費的明星研究員，也不見得能做出世界一流的成果。人生若是只有成功經驗，是無法培育出挑戰百分之一可能性的堅毅韌性。要將劣勢反轉成優勢，無論如何都要有不怕失敗的強韌精神。

對某些人來說，我一路走來似乎有些任性，甚至我行我

素，或是被認為我不懂人情常理、大膽莽撞。但是，若是面對百分之一成功的可能性，卻沒有賭上所有精神的氣魄，如何能創造出世界級的商品，當然也無法做出讓全世界震撼的研究。因為用常識來想事情，永遠也只是個常識而已。

超越常識之處若潛藏翻轉世界的大轉機，就算周圍認為可能性極低，也要沒常識地賭上熱情。因為我們周圍往往充斥常識性的思考，而在常識延長線上的想法終究不過是常識而已，在常識裡既沒有大契機，也沒有大商機。

我研發出的大契機也是在非常識中發現的，就因為賭上那個非常識，才完成了藍色發光二極體及紫光雷射的開發。

這個成功讓我開始受到全球各地學會的邀請，我也一再推出世界級的成果，發表讓國內外專家瞠目的研究。然而，我卻一點也不驚訝這些成果，因為藍色發光二極體開發完成時，我就已經站在世界的頂端了，之後就只剩應用這些成果而已。

就這樣，我在一九九六年獲得給予物理學最高榮譽的「仁科紀念賞」，在一九九七年獲得工學領域的「大河內紀念賞」。這象徵過去一直被訕笑為公司米蟲的我被日本認同的時刻！接著更在一九九八年，榮獲電子工學界最大的研究

學會 IEEE 所頒發的傑克摩頓獎（Jack.A.Morton Award），
與名城大學的赤崎勇教授同時受到肯定。

chapter 06

要有別人學不來
的優點

獲得七成高層贊同的計畫通常為時已晚，被七成高層反對的計畫終可掌握先機。

——— 松下電器創辦人松下幸之助

研究開發未知的事物對研究者來說是個夢想，但我覺得這個研究到底能不能成功有時關乎運氣，如果各種要素無法完美結合在一起是辦不到的。

特別是對我這種做過企業研究員的人來說，如果不跟公司的利益結合在一起更是不可能。即使想到很好的研究主題，但在企業裡並沒有那麼容易辦到，因為研究開發是需要資金的。

― 沉默的信任是無可取代的助力

企業只會出錢支持有可能商品化和賣錢的研究，這是理所當然的，而且，這個可能性也必須在短時期內實現不可，特別是中小企業，因為沒有將資金投入研究開發的餘力，所以會急著想得到成果。

從這個角度來說，不支持藍色發光二極體這種像夢一樣的研發，是很正常的事。這一點，我覺得自己很幸運，因為當時小川社長理解這個研究開發的意義，不要求眼前的成果，或許是他有別人沒有的樂觀。所以，在公司有限的規模

下，他二話不說就撥給我高額的研發費用。

　　但是，到了一九九○年時，公司曾一度下達停止藍色發光二極體氮化鎵的研究，改做砷化鎵高電子移動率電晶體（HEMT）。

　　若是在前十年，我可能會乖乖聽話，表示：「是的，了解了。」可是經過一些慘痛經歷後，我的想法不同了，我決定不管公司的規定和命令，不再理會旁人的指示，只按照自己想做的去做。

　　約有一個月的時間，我的桌子上總是出現「立刻停止氮化鎵，改做砷化鎵 HEMT 研究」的命令書，但我總是把這些命令書立即撕破丟到垃圾桶裡。

　　公司之所以想做砷化鎵 HEMT 研究，是因為某位大型半導體製造商的高層來公司參觀，看到我在做 MOCVD 後，就向公司建議：「與其做這種不知所云的研究，倒不如做砷化鎵的 HEMT，砷化鎵的 HEMT 往後會有很寬廣的用途啊！」

　　當時，我完全做不出任何像樣的氮化鎵，是我最接近谷底的時候。公司開發案的選擇標準，不僅是過去十年，在那時也完全沒改變。可是過去十年的經驗，讓我對這種錯誤的

選擇方式已經體悟到連碰都不想再碰了，所以就完全當做沒這回事。

然而，我這樣無視公司命令一個月左右，公司已經氣到乾脆放牛吃草，面對我這種態度，與其說公司是樂天開明，倒不如說是「已經搞不懂他在想什麼了，也就隨他去吧」。

從公司夏天休假的天數上也可看見小川會長的樂天開明。從二十多年前開始，日亞化學的休假就多達二十天，日本企業裡能夠休這麼長的公司，就算現在也沒有。

以前小川會長曾被問到對休假的想法，據說他是這麼回答的：「這種二十天的休假，跟歐美企業比起來也沒什麼稀奇！」不以日本的標準開公司，我想可能是他與生俱來的樂天。

所以，當我提出藍光開發這種幾近無理的建言時，他也完全不跟我囉唆，只叫我「做看看」。而且對選用氮化鎵當材料這種有勇無謀的舉動也從不出口干涉，有關研究開發方面，當時他都讓我隨意發揮。

雖然公司也曾一度下令停止用氮化鎵研究藍色發光二極體，但或許是因為當時小川會長年紀大了，管不到這麼雞毛蒜皮的事，是其他高層所做的決定。

　　幾年後，小川會長回想起當時的情形說：「我只不過是順著『只要給機會，一定就會有期望中的成果出現』的信念罷了。」這對我來說真是非常難得的支持。

　　我是個小小的上班族研究員，對於經營公司的事可說一竅不通，但如果只是從研發人員的立場來說，老闆若能像小川會長一樣有器量，員工也會比較好做事。畢竟人若沒有不必要的壓力，就可以專心研發，不就更有可能做出意想不到的好成果嗎！就算沒實際說出口，一個人如果能夠感受到被信任，也會捨身賣命。

　　如果說我是個幸運的人，那個幸運就是我有一位一直給我機會的老闆，信任我能夠把機會實現。

　　「中村會吹大牛皮，但也能認真做東西」，什麼都不說只是靜靜看著，到現在我都還是認為這是牽引我成功研發出藍色發光二極體的關鍵。在小川社長身上，我看到一個老闆的眼光。而且，對他給大吹牛皮的人龐大預算仍處之泰然的膽量，至今仍感謝之至。也只有擁有眼光與膽量的人，才能成為一個成功的企業老闆吧！

　　實際上，這位敢給吹牛皮者機會、有膽量、有眼光的小川社長，帶領日亞化學從員工不到兩百人的小公司成長為超

過一千八百名員工的大公司，營業額也持續倍數增長到高達
四百八十億日圓。

甚至耗費了一百億日圓蓋了一座六層樓的發光二極體
及雷射生產工廠等等，凡事都以「做世界第一商品」的遠大
志向出發，這也是樂天行事風格的老闆所能成就的事業格
局。

我也是個凡事都說「辦得到」、沒有任何遲疑、不折不
扣的樂天派。

── 不要小看你的「直覺」

我之所以無論做什麼事，都能回答「辦得到」，是因為
我比其他人更帶有走向成功的信念和徹底實行的意志，而重
視直覺便是這些信念和意志的來源。

人類已經完全進入電腦時代，在資料與知識不斷快速累
積之下，我們已經完全拚不過電腦了。明知時代已經轉變，
卻心態依舊，只是看著數據、文獻生氣、抱怨，其實很可笑。

然而，儲存那麼多數據和知識的電腦，到底為我們開發

了什麼？製造出什麼獨創性的製品？答案是沒有。

我並不是否定電腦，而是明明研發需要獨創性的發想，可是許多人在做研發時卻做著跟電腦相同的事，不是蒐集他人的數據和資料，就是一味分析論文等等。

大家不要忘了，愛迪生在沒有電腦的時代裡都做出劃時代的大發明，成功開發數量龐大的商品。若是認為要成功研發新商品，就必須先蒐集資料或是數據這類電腦處理即可的事，那不過是陷入電腦教條主義罷了。

愛迪生就是因為沒有陷入任何教條主義才激發出他的獨創力。我的辦公桌上沒有任何一本參考文獻，正是因為要拒絕陷入這種教條主義，這也是激發出我獨創力的方法。

激發出原創力與獨創力的方法，或許還有很多，每個人一定都有屬於自己的做法，既然如此，就不該跟隨別人的方式，要以自己的做法建立風格，走出自己的路。絕對不要害怕貫徹自己獨特的思維，而且不管任何人說什麼，都要抬頭挺胸貫徹到底。

我相信自己的直覺可說是到了頑固的地步，別人看我，都會覺得我是浪費時間。尤其是當我宣告要開發藍色發光二極體時，上司和同事都發出驚訝的聲音，聽到我還是選用氮

化鎵做為研發素材，更認為我的行為「簡直跟傻瓜一樣」。

可是，一直思考、一直思考的結果，直覺告訴我：「就是這個了」，我也就相信它了。日本人有時會莫名地討厭依靠直覺或第六感判斷事物，所以當碰到理論家或是善於邏輯思考的人時，就會覺得對方很厲害。

的確，當有人以邏輯說明想法時，你若沒有提出比他更好的理論，也就不得不同意他的說法，這種人就會被認為是理論家、聰明人。從某個角度來說，理論的確是了不起的東西，特別是能架構新理論的人更是了不起。

可是，這樣就可以把直覺置於理論底下嗎？認定用直覺判斷就錯誤的嗎？

例如，世上盛傳牛頓是看到蘋果從樹上掉下來，於是發現了萬有引力法則。但若真是如此，等於牛頓看到蘋果掉下來的瞬間，腦袋裡就已經出現完整的萬有引力理論了。

可是，我想實際上大概完全不是這樣。應該是牛頓看到蘋果掉落時，腦袋裡閃過某種想法，也就是直覺到什麼。然後，不斷思考後就歸結出萬有引力法則。

任何人都看得到蘋果從樹上掉下來，可是大家都只「啊」的一聲說：「蘋果掉下來」就結束了，只有牛頓一人，

看到蘋果掉下來時腦袋裡閃過了什麼。換句話說，牛頓發現
萬有引力法則，是來自一個單純的靈感，源於某種直覺判斷
的能力。所以，我認為如果沒有直覺的能力，就無法掌握新
理論或是新現象。

　　而這種直覺式的判斷並不限於科學領域。雖然我是個不
具備世俗常識的人，也不太懂社會俗事，但我認為所有領域
都需要這樣的直覺判斷。

　　說到這裡，我在日本偶爾會看電視劇「鬼平犯科帳」，
作者池波正太郎最常讓主角鬼平說的一句話就是「靈感來
了」。作者沒有輕蔑這種直覺，反而重視這種五感所無法感
應的第六感，認為這種直覺能讓鬼平有了展開行動的動能，
現在回想起來，真不愧是厲害的劇作家。

　　如果從字典來解釋第六感或直覺，就是一種常理無法
解釋、但是內心敏銳掌握事物本質思索的結果，從這個角度
來說，直覺當然不該被輕忽。

一 「天才型直覺」與「技職型直覺」

我認爲「直覺」有兩種類型。一種直覺是像牛頓或愛因斯坦腦中才會閃現的靈感，他們之所以能有天才般的大發現，正是因爲他們有種天外閃現的靈感，這種是只有天才才擁有的「天才型直覺」。對他們來說不需要任何直覺的保證，因爲只要相信自己的才能就能想出驚人發現，所以才叫做天才。

相對於此，另一種靈感叫做「技職型的直覺」。不妨想一下漆器師傅的工作，必須小心翼翼的把漆料塗在漆器上。例如，完成一個木碗要先在碗型的木頭上塗上底漆，乾掉後再塗一層，這樣的步驟得重複好幾次。而上完底漆後，面漆也要反覆塗上好幾次，最後再將花紋畫上去。

任何步驟都需要職人的技術和耐心，不能隨便將漆塗在木碗上，等它乾就隨意畫上圖案。必須用比毛髮還細微的刷毛一筆一筆小心翼翼地塗上去，若是有根細微的刷毛掉落在木碗的彩漆上，完成後，作品上就會出現像裂痕一般的紋路。

　　這是絕對不允許的瑕疵，塗漆也不能凹凸不平，必須非常平順均勻地塗上去不可。此外，據說晾乾的溫度與濕度也很重要，好不容易塗上的漆料若因為太乾燥而出現凹洞，就不能當商品販售，所有步驟都要灌注謹慎與細心才能完成。

　　師傅每天這樣反覆不斷一直做下去，獨有的直覺就會被磨練出來。不論是塗上漆料時觸感上的微妙變化，還是根據溫度或濕度調整濃度輕重，總之，這些用嘴巴沒辦法解釋的細微感覺，就是職人的直覺。經年的淬鍊，讓他們相信自己的直覺，相信自己的技術。

　　對我來說，直覺就是親手製做實驗裝置積累而成的判斷，我可以完完全全信賴從那裡閃現出來的直覺。某個角度來說，不模仿別人就是固執地從頭到尾按照自己的想法去做，因為擁有不輸任何人的技術，雖然這種感覺無法用言語具體描述，但簡單說，就是內心會有種「絕對沒問題」的直覺。

― 不輕忽枝微末節，凡事親力親爲

引導我走向成功的第二個關鍵就是「所有事情都親力親爲」。

或許有人會說：「什麼？就這樣啊？」但這在現在反而是愈來愈難做到的事。現在是所有事情都已經細分化的時代，需要自己親自做的事情愈來愈少，不，應該說做得愈少會覺得愈好，所以很多人甚至誤以爲自己常常親力親爲。

例如，我在開發發光二極體時，需要各式各樣的零件，若要全部找齊，也可以請業者代爲製做尋找。氮化鎵的結晶工作也只要拜託業者就可以幫忙製造。加熱器的改良和石英的切割也是如此，只要向業者要求，就會送適合的商品過來，也因爲實在太方便了，很多人都用這種方式研發商品。

此外，很多研究人員都覺得製造設備是枝微末節，請業者去做即可，自己只要參與研發的核心工作就好，但事實絕非如此，這樣乍看很有效率，不浪費時間，但實際上卻正好相反。訂製設備從發訂到送到手上，通常必須等上比自己製造還要多十幾倍的時間，而且就算送來了，很多時候都不

是令人滿意的製品，於是又要請對方修改、再修改，這些其實反而更浪費時間。情況既是如此，何不最初開始就自己製造。畢竟靠雙手才能做出更接近自己滿意的實驗裝置，這樣也不會浪費太多時間。

而且，更重要的是，親手製造更能衍生出各種創意和技巧，而這些想法又會帶動更新的改良創意，親眼看到實際進展，研發工作也就能不斷向前邁進。

但是，如果是交由他人完成，或是委託業者代工，就不可能激發出更多的創意和技巧，終以失敗收場。

最初十年的研發生涯裡，我深受此種痛楚。那時，為了要讓磷化鎵、砷化鎵結成晶體，必須運用水平布里奇曼法（Bridgmann Method），我一度使用市售裝置，可是，不管怎麼試都沒辦法結成像樣的晶體，我不得不改良裝置，但向廠商訂做加工裝置，至少要等上兩、三個月，做不好時，甚至必須半年以上。

製造商通常是按照訂單順序出貨，就算我很急，也無法縮短工時。而我又是急性子，等不了兩、三個月，更別說是半年。因為改良後的裝置不見得就能用，所以若是不行，又得重畫設計圖，請廠商重新加工不可。

　　光是這樣，實驗都不用做了，時間完全浪費在等待上，我不想這樣空等，所以，決定親手改裝裝置。於是，我每天早上改裝置，下午做反應實驗，和過去十年一樣，始終如一，也是拜這個習慣所賜，沒有浪費時間，完成了實驗。

　　的確，從熔接到改裝，每件小事都是自己親手做，沒辦法像專家那樣精細，但裝置卻可以啟動，讓我按照計畫進行實驗。最後，這個實驗順利在一年半後研發出藍色發光二極體。

　　若是那時沒有親自改裝設備，而是委託廠商製造，等到拿到加工品，想必好幾個月的時間可能就白白浪費掉了吧。

　　日本的大企業或大學裡的研究員，幾乎都是向外訂製設備，並不清楚實驗裝置的重要性，總是讓想法或理論走在實驗之前，認為裝置不過是套用理論的手段。但我成功研發出藍色發光二極體的關鍵，其實正好與他們的思維相反，也就是我打破了理論掛帥的業界常識，以實驗裝置做為研發的重要出發。

一 堅持走他人無法模仿的路

不過，在美國似乎普遍都知道製造裝置的重要性，這是我在完成藍光開發，受邀參加一場學會後，順道拜訪 IBM 的蘇黎世研究中心及美國各大知名研究所時發現的。

例如，參訪曾培育出多位諾貝爾獎得主的大型研究中心時，都是先安排我參訪該研究所的機械工廠。所謂的機械工廠就是像機器加工店的地方，那裡有好幾位技術高超的技術員，能夠馬上製做出符合研究員需求的機器。實驗時，只要跟他們說你需要什麼樣的東西，把設計圖交給他們，就可以馬上幫你量身製造，對此他們也相當自豪。

但是，若是到日本的研究中心參訪，大概會被引導到某某老師的研究室，或是 XX 教授的實驗室，使他們引以為傲的只是業界名師。但美國不同，原創性和獨創性的設備裝置多半直接在研究中心裡製造，大部分的研究員也都努力用任何研究中心都沒有的劃時代裝置研發新產品，並以此為傲。

當我看見此景，立即興奮地向他們表示：「啊，果然實驗裝置必須親自製做不可，若非親手製造，是無法做出讓世

界驚訝的產品！」美國就是靠著在研究中心裡製做新型裝置，研發出各種劃時代的大發明。

我曾在書裡讀到費曼博士因為普林斯頓大學曾經出過多篇以同步加速器（離子加速器）做實驗的論文，就認為那裡有非常不錯的實驗室與設備裝置。不過，實際跑去那所實驗室一看，不僅冷卻用的水從真空管漏出來，房間裡的東西也堆在外面，所有工具都胡亂放置在桌上，混亂至極。

費曼博士看了之後，不禁猜想為什麼普林斯頓的實驗室還能寫出這麼多好論文。根據他的說法，因為普林斯頓的人都是用他們親手打造的裝置做研究，所以完全知道哪裡有什麼，每樣東西怎麼運作，研究室有的是以同步加速器埋首實驗的研究員，卻沒有所謂的純粹技術人員。

高科技產業時代，使我們所有的工作都必須依賴電腦，設備也都向外訂製，一切看來似乎很有效率。手工時代似乎也已經宣告結束，認為手工作業容易出錯。

的確，相較於手工，電腦做出的東西在精準度、速度上肯定略勝一籌，也因此讓我們以為完成一項製品，可以全靠電腦管理製造流程。

我開發藍色發光二極體時所想到的「有機金屬化學氣相

沉積裝置」，目前雖是用電腦驅動，但這是因為電腦是在模仿我的手工作業，並非是電腦可以產出創造性思維或製品。

藍色發光二極體完成時，就已經將雙氣流裝置的簡易模型圖發表在論文和專利上了。

但是，光看簡易模型圖，沒有人有辦法做出同樣的東西。何以如此說？因為中間關係著裝置的細微形狀、材質、工序、噴出氣體的流量、反應時間等等，若沒有這些綜合性的知識和掌握其中竅門，肯定無法成功。若是無法從頭到尾按照我的研發程序是絕對做不出來的。

很多人看到高科技產品，就認定絕對不是手工做得出的東西，除了必須具備系統的結構，也以為用到高科技機器與材料，就必須用到手工所不及的精密流程和技術，且背後必定有困難的理論支撐。

然而，實際上研發新產品完全不需要這些東西，需要的是親手組裝實驗裝置，以及能不能依照需求改良裝置。但可惜的是，很多研發人員現在都還沒發現這點，只會用舊有的研究方法來做研究。

― 別中了「教條」的毒

我研發出世紀新產品的第三個關鍵就是「了解發明或發現根本是很單純的東西」。

我們常聽人說：「凡事均有定論或常識，不先理解定論或常識是無法向前邁進」。這個想法使得多數人都從涉獵文獻開始，以了解所謂的定論與常識。

的確，基礎知識絕對必要，但問題是，很多人往往站在定論與常識（或堅持）的延長線上思考。

例如，在這之前，許多人在研發藍色發光二極體時，都認為這項研究已經接近完成階段，卻始終無法完成，為什麼？因為已經接近完成的想法只是一種站在定論與常識上的認知罷了，會使人沒辦法果決的轉換方向。

如果沒有被定論所束縛，或許就不會認為研發已接近完成階段，也或許就會徹底放棄硒化鋅路線，比我還早投入氮化鎵的研究。

而我與其他研究者最大的不同是，大家都太過於理解定論與業界常識，才會被特定的研究方法牽制住，過於相信定論與常識，會使人無法向前跨出，特別是在做新產品研發

時，最好不要帶著定論或常識出發。

　　如果是既有產品就另當別論，但對尚未完成的全新產品，也就是能否研發成功尚且有疑慮的新產品，就認定它有定論或常識，是很不合邏輯的。

　　被認為是定論或常識的想法，往往不過是教條。受教條牽制的人是無法有新發明或新發現，這是古今中外不變的事實，過去所有的大發明、大發現都已證明這點。

　　發明或是發現往往是被既根本、又單純的要素所左右。那到底又是哪些要素呢？事實上，即使讀再多的資料，查再多的文獻也不會知道，會因為發明什麼或發現的目的而有所不同，絕對不能一概而論。

　　但即使如此，我認為最關鍵的因素在於「動手做自然就會看見」。在你動手做、眼睛看、耳朵聽、腦筋想時，就會看見驚人發現。如果只是在腦袋裡想，是成不了事的。

　　所以，我們心裡要長存著無論是多偉大的理論，還是世界權威說的話，也可能只有七、八成正確，兩、三成可能是錯誤的，然後投入發明或研發，才會有所突破。只要能將這個想法銘記在心，就不會被常識或定論給束縛。

一 愈到谷底，愈能讓自己沉潛

　　一般來說，看不見希望的光，無論是誰也會失望。因失望而失去衝勁，有人可能會酗酒，有人可能另尋路徑，轉往另一個旅程。

　　但我都不是。跌入谷底對我來說反而是走向重生的一大契機，愈是陷入谷底，愈能讓我沉潛以對。

　　這也是我成功的第四個關鍵因素。因失敗而失落，卻讓我愈能投入藍色發光二極體的思考裡，我深信在這樣的狀態下，一定能想出好點子，這也是我從小就喜歡深入思考事物的關係。我知道這是我的強項，一直專注思考一件事也是我的習慣。例如，若有人要我用幾個月到一年的時間解決一個問題，我有絕對的自信能夠奪得優勝。

　　我因為沒有一般人的常識，所以如果必須在短時間內解決問題，或是在有限時間內交卷，我大概就無法發揮實力了。

　　例如，高中的數學測驗，有些必須從證明公式開始解題，但常會碰到時間不夠的情形，可是只要時間充足，我就

有自信一定可以導出答案。

　　只要是我在意的事，若不徹底想到底就絕不罷休。所以，一般人思考一、兩個小時就不想的事，我會花整整一天，甚至是兩天、三天也會一直思考下去。雖然不喜歡的事很難持續下去，但我是個只要有解不開的問題，或是想做卻做不到的事，就會整天想著到底為什麼的人。

　　下班後回到家仍繼續想著，躺在床上看電視時，問題也沒離開我的腦袋，或是雖然看著電視，腦袋裡裝的全是藍色發光體的事。因為如果不把自己逼到另一個世界去，就不會有成功的希望。

一 訓練自己不帶偏見或預設立場觀察事實

　　重視實驗結果是我最堅持的一項原則，因為這樣才不會錯過任何現象，這也是我認為有志發明者必須最看重的事。因為這不只關乎研究室裡的理論建構，也是商品化的一大要素。

　　仔細觀察實驗結果產生的現象，不夾帶任何預設立場、

主觀或偏見，而以數據做爲判斷依據看似簡單，但實際上卻出乎意外地困難，有時甚至是研發過程中最困難的事。

何以如此？因爲當我們在做實驗時，就是想要找到好結果。也就是說，我們心裡的某個地方往往已經事先夾帶預判的實驗結果了。而這個不必要的心理作用反映到實驗結果或現象上，就會使我們無法直接判斷實驗數據，把事實當做事實觀察的眼光也可能因此被遮蔽。

所以說，看起來容易，實則不然。不錯過任何實驗結果，據實以對，對物理學家或技術人員來說是最重要的事。

我在開發藍色發光二極體時，選擇氮化鎵做爲 p 型半導體材料時就是如此。如果一般人碰到像我一樣苦於電子線照射無法順利進行時，到底會如何思考？我想大多數的人，尤其是物理學者，往往會堅持照射，因爲書上寫著只要照射就可以迎刃而解。

於是不斷翻閱文獻，試圖找出該用哪種照射方式。這些人往往重視理論或法則甚於實驗結果。尤其是日本人，似乎特別喜歡理論，遇到問題馬上就想找理論或法則參考，總認爲這個方法比實驗高明。

而且，理論家似乎都給人一流大學畢業、一流企業研究

員的印象，個個都是腦袋靈光的學者，厲害得很。不管是否真是如此，我實在不懂這種重視理論勝於實驗的想法。

我們之所以研發藍色發光二極體，為的不是建構理論、法則或理想，而是要製造出藍色發光二極體這個「實際物品」，也就是使其商品化。若不理解這一點，去追求理論，是開始就偏離了軌道。

― 工作有時必須獨斷

仔細觀察實驗結果的數據、只從現象進行思考、藉由現象表現出的事實洞悉事物本質，是引導我成功研發出藍色發光二極體的關鍵。

不依靠什麼難懂的理論，靠著自己的眼睛與耳朵，透過自身的五感開發產品，從這意涵來說，任誰都可以開發產品。或許有人會認為不懂高科技技術或是稍微難解的理論是不可能做到的，但絕對不是這樣。

只要用自己能理解的方法來理解事物就好，不需要按照書上難以理解的方式，也不需要模仿既有的做法，因為那些

都是不完全的東西。一切成敗都是自己如何進行的問題。

可是有些人，尤其是專家，都異口同聲說這是不行的。都說用那種方法做事什麼都辦不到，批評那是獨斷妄爲的方法。

不過，有時候獨斷正是一種不凡的創造力。當然如果方向完全錯誤，就必須立即修正不可。可是，我們應該要先理解，有時被認爲是錯誤的東西，在某個情況下很可能會是正確的。

重點在於思考是否具備創造性。套用既有的理論，是毫無意義的事情。況且驗證前人做過的事情到底有什麼樂趣？又能創造出什麼新產品來？答案完全都是「NO」。

在那樣的做法上，不存在任何事物的本質，有的只是人云亦云。如果能夠看見事物的本質，就不會用人云亦云的方法，而會用自己獨自的方法，做有自己風格的產品。

一 不放棄百分之一的可能

所以，我從不沒問情由就否定下屬所提出的點子。就算

是經驗告訴我那樣不行，也會先請下屬試試，試了之後若不行後再換另外一個點子。因為我認為任何想法都有百分之一的可能性，不能只選簡單的路走。

這樣可以刺激年輕人的衝勁。再怎麼無趣的想法，對提出點子的他們來說，都是苦思後的產物。只要是絞盡腦汁想出來的點子，都有可能性。連這點可能性都不問情由地否定，就會完全抹煞他們的幹勁。

所以，我一般都是以「喔！這點子不錯，試看看吧！」的方式鼓勵他們。「就給他試看看！」是三得利社長佐治敬三的口頭禪，無意中我也做了跟他同樣的事。

做了若失敗，他們既能信服，也能從失敗中累積好的經驗，為下個可能性做準備。

當了日亞化學研發部部長後，我更能夠發揮經驗，順利開發產品。在這之前，年輕部屬只會說上司的壞話，對產品開發完全沒有貢獻。

投入產品開發，我會完全陷入一個人的沉思世界，但平常的我是一位好講話的上司。

從學生時代我就容易跟人打成一片，就算是在準備入學考試時，也沒辦法拒絕排球社的邀約。

所以，就算在工作上嚴厲要求，平常與部屬卻像朋友一樣。在工作上我喜歡聽取部屬的意見，把他們引導到可以發揮的方向，不做百分之百由自己開發的事情。

我刻意營造互相激盪點子，在夥伴的關係下進行開發的氣氛，這樣反而能讓研究更順利進行。

― 學歷不是成功的必要條件

我在研發藍色發光二極體時，公司派給我一位部屬，我雖認為沒必要，但因為是公司命令也就接受了。最早進來的是地方大學畢業、成績吊車尾的社會新鮮人，因為找不到工作才來到當時還只是個小企業的日亞化學。

許多人可能會覺得這樣的部屬不可靠，但我也碰過名校畢業，又在大型半導體企業做過相關研究的人。根據過去的經驗，這樣的人並不好用。實際上，過去十年來，從來沒有過中途進來、但能用的例子。

或許也是我的方式太獨特的關係，前面也提到，我完全靠直覺進行實驗，經常導出書本裡沒寫的現象，面對這種情

況，頑固不通的論文腦袋根本派不上用場。

過去有位部屬使用氮化鎵做為 p 型半導體材料，因為相關論文裡寫到只要這麼做就能成功。但就如我想像的，這位畢業於名校的部屬，精準找到那篇論文，然後從頭到尾照著論文所寫的步驟製做 p 型半導體，可是怎麼試都做不出來。

那時他向我報告說：「中村先生，做不出來！」我問他研究怎麼做的，他只回答：「我明明按照論文去做，結果做不出來。」然後就露出無所謂的表情，好像在說，我已經照著論文的方式做了，做不出來是論文的問題。

相反地，我跟地方大學畢業的部屬說沒有看論文的必要，他真的就不看論文。然後，在偶爾跟我聊天的過程中，發現製做出 p 型半導體的方法，而且，還是用論文沒寫的方法做出來的。雖說這是我已經想到的做法，不過他在和我對話時感應到我的發想，激發他的靈感，就學會了 p 型半導體的開發方法了。

我討厭依靠論文或文獻的方法，因為依靠這些定論的精英，從未有過完成開發新產品的例子。

新產品的開發不需要既有的想法，需要的是新的發想與敏銳的直覺。有了這些，就能發展出無與倫比的方法。

　　我在開發藍色發光二極體時，有好幾次陷入思考的泥濘裡進退不得。可是就算是陷入泥沼裡，也從未忘記相信自己，我甚至對自己的方法已經到了頑固的地步。

　　或許有人會說這種方式根本是繞遠路。可是我認為，有信念才能夠一點突破而全面展開。而且在全面展開之後，簡直就像在太空漫遊一樣，所有開發都是世界最早，全球第一。

　　有人把我的這種方法稱做「中村魔法」，可是對我來說，這並不是什麼魔法。硬要說的話，或許可以說我施展了技職人的魔法吧。

chapter 07

有堅持才能
實現夢想

太過相信自己是可造之材，對自己其實並不見得有益。

　　———　世界鋼鐵大王卡內基

　　拜藍光二極體成功所賜，我在一夕之間變成名人，世界各地的學會都希望邀請我去演講或發表論文，使我在短時間內結交了許多位學者朋友。

　　就在此時，我遇到一件意想不到的事，成為引導我邁向新天地的重要契機。

―「奴隸中村」，備感屈辱的綽號

　　有天，突然有位熟識的美國學者問我：「你都已經成功做出這麼重大的發明，現在應該是億萬富翁吧！每天過著逍遙自在的生活！」但當時我仍是一個中小企業領著微薄薪水的上班族研究員。

　　於是我對他解釋，日本企業的研究員無論做出多驚人的成果，每天都還是日復一日過著樸素寂寥的研究生活，這在日本是習以為常的事。就算是大企業的研究員，成功開發出新產品，頂多也只會多發一筆臨時獎金或特別獎勵，了不起幾百萬日圓，做為研究的犒賞。即便是出手大方的公司，獎金最多也不會超過兩百萬日圓，若從年收入來看，其實與

過去沒有多大的差異。

如此解釋了之後，那位美國學者大吃一驚，甚至還說：「這樣不就跟奴隸沒什麼兩樣嗎？」在他看來，員工成功研發出重大發明，公司卻不給予同等程度的報酬，簡直就像白白付出勞力的奴隸。也因此，我從此多了一個奇怪的綽號：「奴隸中村」。小學時大家都暱稱我為「小修」，但自從小學畢業後就沒人替我取綽號，我萬萬沒想到，出了社會這麼多年後竟被取了綽號，而且還叫做「奴隸」，一個令人備感屈辱的綽號。

― 實現美國夢的「最佳捷徑」

在美國的大學，特別是理工科的大學裡，研究者在學會中發表最新研究成果時，創投公司的人就會直接等在會場與他接洽，順利的話，當下就能募得相當於十億日圓的資金。

有了這些資金，研究者就有機會可以擔任企業的顧問，擁有大筆股票，直接將最新研究成果教給社長。如果這家公司營運成功，就有機會上市上櫃，或是再將專利技術賣給更

大的企業。無論如何，開發技術的人絕對都能獲得巨額資金和財富，並將自己嘔心瀝血的研究成果公諸於世，為人類生活帶來幫助和進步。也就是說，開發新產品是實現美國夢的最佳捷徑，這與日本的上班族研究員所受到的待遇可說有天壤之別。

實際上，在美國大學裡，有 50% 的教授本身就是新創公司的老闆，而且幾乎所有的教授都同時擔任企業裡的技術顧問，一個人身兼好幾間公司的顧問也不足為奇，因為只要是優秀人才，無論是人潮或錢潮都會自然湧向他。

舉例來說，之前日本發生一個新聞事件，就是國立大學醫學系的教授因收取製藥公司的賄賂而被逮捕，但如果同樣的事發生在美國，非但不可能被責難為賄賂，反而還能堂而皇之擁有「顧問」身分，不可能因收取資金而被逮捕。不僅如此，能為製藥公司提出建言的教授通常被視為優秀學者，受到大家尊敬。

舉一個最具有代表性的例子。二〇〇〇年，對導電高分子具有開創性貢獻的白川英樹博士與艾倫・黑格（Alan Jay Heeger）共同獲得諾貝爾化學獎的殊榮，但只要比較他們兩人的境遇，就可知道東西方對待研究者的差異了。

　　大家都知道，白川博士同時也是筑波大學的名譽教授，當時他已屆齡退休，在獲得諾貝爾化學獎接受專訪時，他表示：「接下來我想種種田，過著平靜的生活。」

　　反觀與白川博士一同獲獎的艾倫·黑格博士又是如何呢？雖然艾倫·黑格博士與白川博士同年齡，但卻跟我一樣仍於美國加州大學聖塔芭芭拉分校擔任教授，而且，在好幾年前就開設了一家與導電性塑膠有關的公司。雖然我不是很清楚這家公司擁有多少位員工、經營狀況如何，但我可以確定這家公司獲利頗豐。

　　也就是說，艾倫·黑格博士身為教授，也同時是企業老闆，即使屆齡退休仍在社會上大為活躍。

　　能共同獲得諾貝爾獎殊榮，表示白川博士與艾倫·黑格博士同樣傑出，但日本社會是一旦到了退休年齡，就必須全盤放棄事業，不僅如此，身為國立大學的教授要是崇尚財富，追求利益，在日本根本不被接受。

　　從這個例子就可以看出，美國與日本看待研究者的心態是如此大相逕庭。所以，我很了解為何那位美國學者友人會稱我為「奴隸」。畢竟如果是在美國，光是開發出藍色發光二極體，就是世紀大創舉。

一 毫不猶豫轉身從零開始出發

　　我對自己這般不了解世界，實在悔恨萬分，仔細想想，我確實跟「奴隸」沒什麼不同，當我開始這麼認為時，想要辭掉工作的念頭便湧上心頭，正好當時在國際學術會議上認識的一位美國教授，極力邀請我轉換跑道，更加速我離開公司的決定。

　　這位教授正是史蒂芬·丹巴爾斯（Steven P. Denbaars）。他當時在美國加州大學聖塔芭芭拉分校擔任教授，與我研究相同的領域，「奴隸中村」就是他幫我取的綽號。在我從事的化合物半導體領域裡，美國加州大學聖塔芭芭拉分校可說是世界數一數二的研究所，早在一九六〇年代就提出了雙異質接面發光二極體的構造，也就是將兩種不同材質的半導體薄膜組合的技術，以提升半導體性能，堪稱劃時代的發明；此外，在二〇〇〇年獲得諾貝爾物理學獎的赫伯特·克勒莫（Herbert Kroemer）博士，也是聖塔芭芭拉分校的教授。

　　換句話說，在我的研究領域上，聖塔芭芭拉分校不僅擁有極為傑出的教授陣容，還有設備完善的研究環境，如此好的條件，對我來說簡直是可遇不可求的好機會，加上學校離海邊也很近，若是要長居國外，住在從小就習慣的海邊，聞著熟悉的海味，對我也很適合。

　　我立刻和家人商量美國大學的邀約，在三個女兒共同的支持下，我決定舉家遷往美國。

　　在尚未安排好之前，我完全沒有對任何人說，到了一九九九年十二月二十六日，我正式向主管提出辭呈，表明「明天我就不再進公司」後，也不等公司回覆就回家了。

　　因為我一旦下定決心，就不接受公司軟硬兼施的勸說。隔天，主管告訴我：「後天公司會舉辦年底全員聚會，你到時過來向大家打聲招呼吧！」當天，我只跟大家說：「在公司的二十年裡，我竭盡所能，做我所能，現在我想前往美國這個新天地好好努力，展開新生活。」

　　其實我並沒有對大家說出真心話，因為我真正想說的是：「我實在無法忍受繼續當『奴隸中村』，我要前往美國追求全新的自由。」

　　對日本，我沒有什麼可留戀的，而且幸運的是，完全沒

有日本的企業或大學邀請我，我明白這是因為日本社會的本質即是如此，也因此早已下定決心，就算有日本企業或大學對我提出邀請，不管條件再怎麼優渥，我都會回絕。史蒂芬・丹巴爾斯教授曾經說我的個性很像美國人，我也覺得如此。

無論是在日本的哪一個組織，服從多數人是既重要又基本的常識。因此，必須不斷重複開會、交由上司決議等瑣碎流程，而這樣的制度讓我的實驗變得非常沒有效率，只會成為我開創新事業的絆腳石。

我認為人應該要先做自己真正想做的事，這也是我的行事風格。但這樣的風格只適合在美國發展，史蒂芬・丹巴爾斯教授就是看穿了這一點，才會說我很像美國人。

事實上，只有在可以盡情去做自己想做的事，以及自由思考的世界中，夢想才得以誕生、實現。

─ 讓你的強項成為自信的來源

我認為在藍色發光二極體與藍紫色雷射二極體的相關

領域上，還蘊藏著無限可能。不過，藍色發光二極體本身的研發已到達世界頂點，幾乎已經開發完成了。

現在才是我的起點，能否開創新路才是關鍵，如果說我心中沒有一絲不安，那絕對是騙人的。

但是藍色發光二極體的研發成果帶給我的信心，讓我有不輸任何人的技術，相信只要帶著這些繼續前進，我一定能夠再創另一個高峰。

我不是憑藉天才般的天分建構出新理論，也不是藉由這些新理論開發新產品，而是碰到任何事情都專心一意、絕不放棄的徹底做到好，一步一步突破困難，以別人模仿不來的工匠技術改造有機金屬氣相沉積裝置，才終於完成藍色發光二極體。

我深知自己無法光憑理論闖天下，而且我的強項也是在非理論的技術，我只要發揮這項優勢，全力研發出新產品即可走出自己的一片天。

而且，美國這個國家，很願意投注大量資金在成功研發出新產品的人身上，這跟日本截然不同。在美國，成功研發出新產品的人，不僅可以成名，也能得到對等的報酬，在這種情況下，研究者自然擁有很高的社會地位。換句話說，

只要能研發出具有開創性產品的人，都會得到社會高度的肯定，接到各地蜂擁而來的投資。也因此，美國夢才能不斷的開花結果。

美國是擁有創意就能獲得巨額財富的世界。

反觀日本卻完全相反。以我個人為例，就算成功研發出藍色發光二極體與藍紫色雷射二極體，還是必須為公司申請上百件專利，以防止其他大公司開始生產相同產品，為公司創造獨占的巨額財富。關於這點，大家只要去看日亞化學與豐田合成公司之間的專利爭奪新聞，就可以完全了解。

然而，日本的發明者究竟可以獲得什麼？只有在申請專利時可以獲得一百萬日圓的獎金，以及申請到專利後再獲得一百萬日圓，僅此而已。發明的專利權並不屬於發明者本人，是屬於公司，就算這項發明與專利不是在公司命令下完成也一樣。

這就是日本企業研究者面對的真實情況，如此不公平的規則若是繼續不改，豈不是要所有研究者都離開日本，前往美國，才能獲得公平的待遇？

關於這點我有話想說。

試想：「研究者究竟是為了什麼而努力研究呢？」我想

大部分的人應該都是抱著實現所謂的「美國夢」而持續努力不懈吧！世上應該沒有人是為了成為一個永遠朝九晚五的上班族，才開創偉大的成果吧！

一 只靠頭腦與絕技一決勝負

美國是一個徹底奉行「實力主義」的國家。例如，在日本要讓一位二十多歲的人當上大學教授，絕對不可能。但就我所知，加州大學裡就有一位年僅二十六歲的物理學教授，因為美國是一個憑實力一決勝負的自由世界。

不僅如此，許多表現優異的學生在學校時就獲得新創公司的贊助，開始創立自己的公司，大名鼎鼎的比爾‧蓋茲也是在哈佛大學輟學後創立微軟的。能夠成功實現美國夢的人，都是相信自己能力不凡，可以靠著成立新創公司闖出一片天。

日本與美國可說差別甚遠。對許多日本人來說，進入大企業工作，似乎是人生最大的目標，一心企盼在大企業中出人頭地，只要運氣夠好，甚至有機會當上社長。也因為觀念

如此，難怪日本一直無法孕育出全球注目的新創公司。

但美國正好完全相反。胸中沒有美國夢的人，某方面來說等於能力不足，選擇到大公司就職，通常是因為沒有出人頭地的意志，只想當個平庸上班族。

因此，若以美國人的角度來看，那些一流大學畢業，汲汲營營進入大企業就職的日本年輕人，都是些胸無大志的庸才。因為如果有心闖出一番大事業，發揮才能，就會試著自己創業，揮灑心中的夢想才是。

我進入發光二極體的領域後，認識了不少日本學生與美國學生，多數的日本學生都選擇進入知名企業或一流公司，安穩地待在企業的研究室裡，聽從前輩與長官的指示工作。

反觀美國的學生，他們幾乎沒有人選擇到大企業就職，十個人裡有一半的人選擇自行成立新創公司，對他們來說，只有新創公司才能讓他們發揮創造力，盡情揮灑自己想做的事。

而且，如果是新創公司，就能靈活發揮創造力，以與眾不同的想法一決勝負，幸運的話，還能成立坐擁巨額資金的公司。只有在美國的社會，才能讓年輕人實現這樣的夢想。

很可惜，日本沒有這樣的環境，因為優秀的人才全都一

窩蜂湧進了大企業，就算自行創業，日本社會至今仍無法接受，沒有一套協助新創公司成功的有效機制，仍停留在只注重表面盛名的保守思維。

只要這樣的社會風氣存在一天，日本人就不可能追求遠大的夢想。即便是像我這樣研發出劃時代的產品，也無法獲得相對應的報酬與名聲，這樣的企業體質只要存在一天，日本年輕人要發揮能力、追尋夢想就遙遙無期。

在經過深思熟慮後，我決定前往美國。我相信自己還可以繼續開發出更多產品，所以決定前往能讓我發揮創造力的美國，在那塊土地上實現我的美國夢。

── 善用創造力最旺盛的黃金時期

我常在想，為什麼在日本難以實現夢想？我認為其中一個原因在於教育制度。說得更明白，日本必須廢除大學入學考試，才能改變社會。

我認為一個人頭腦最靈活的時期，是在高中到二十歲前後，但在日本，在這段期間年輕人卻必須接受嚴酷的大學入

學考試。在這人生中最寶貴的時間，卻必須渡過一段枯燥乏味、沒有任何用處的考題式學習，實在很可惜，使得創造力無法獲得培養和發揮。

這段時間其實是人生中最能產生靈感的時期，許多位獲得諾貝爾獎的學者與發明家，都是在二十歲左右時不斷提出開創性的構想，最後獲致巨大的成功。

相形之下，日本年輕人出發的時間實在是太晚了。在人生中最寶貴的期間忙著準備大學入學考試，根本無暇顧及腦中乍現的靈感，等到真正進入大學後可說已經錯失黃金時光。

我認為必須讓年輕人在這段時間放手去做自己真正喜歡的事，培養他們自主思考的習慣，如此才能在腦海裡湧現具有開創性與發展性的有趣想法，這也是我主張廢除大學入學考試的主要原因。

而且，我認為必須立即廢除大學入學考試，讓大家自由選擇喜歡的大學、科系，但是也必須提升畢業的難度，讓只有真正對學業感興趣、努力付出的學生順利畢業。現在日本的大學制度讓所有人一出生就必須陷入為考試而學習的深淵，進入學校就等於進入了死背填鴨的世界。在這樣的制度

之下，眞的能培養出具有求知慾的年輕人嗎？

　　我認爲美國在四、五十年前，也經歷過與日本同樣的填鴨式教育，但美國的教育制度卻會隨著時代慢慢調整、改變。只要一察覺有更好的方式，美國就會立即朝那個方向改變。靠著靈敏的隨機應變，毫不猶豫地接受好的事物，我認爲這樣的開拓者精神是支撐美國不斷發展的重要支柱。也因爲社會擁有這樣的開創精神和文化底蘊，美國許多大學生都具有開創性的見地，看準自己的目標，就立刻成立新創公司，具體實現夢想。

　　事實上，我也聘用了四位正在攻讀研究所的學生，當我問他們：「爲什麼想要來我這裡學習？」四位都異口同聲地告訴我：「因爲想要成立新創公司。」他們全都是全美成績排名前三十名的傑出學生，也都不是我任教學校裡的學生，而是從伊利諾大學、史丹佛大學、麻省理工學院等各大知名大學不遠千里而來。

　　美國大學周邊林立著新創公司，例如惠普就是以史丹佛大學爲中心的企業，更不用說，要是沒有史丹佛大學，根本不會有矽谷的高科技產業。矽谷的榮景可說是由大學教授所就造。

這在日本根本不可能會發生，因為日本往往視此為「學術」領域，不容許大學教授自行開創公司。

因此，無論是日本企業也好，外商企業也好，基本上都不會對日本的大學抱持任何期待。即使日本某些企業仍持續捐款給日本的大學，不過，從這幾年的捐款數字來看，日本企業對於大學與研究所提供的資金，僅不到海外大學的一半。就算企業想要贊助日本的大學，往往也因為手續冗長，效率不彰，導致成果不佳，最後也就放棄了。

一 每個人都可以從「自己喜愛的事物」中找到突破點

若要讓下一代在黃金年華就發展出具有開創性的創意，就必須先廢除一點用處也沒有的大學入學考試，讓年輕人放手去做自己喜歡的事。

相信許多人到了某個年紀都明白，我們只有做自己喜歡的事，才是對自己最好的選擇。

但我們在十幾、二十歲，還不明白何謂人生的時期，往

往以成績好壞決定我們的人生方向，或是被社會以成績牽著鼻子走。但當我們到了一定年齡後，回過頭來檢視自己的人生時，才又赫然發現我們在不知不覺中仍朝著自己喜愛的事物靠近。

學生時代成績好的人進入大企業工作，差強人意的則進入中小企業，人生的重大選擇完全和我們的喜好無關，懵懵懂懂踏入社會，工作了幾年之後，有一半的人會辭掉原來的工作，跳槽到其他公司，或是回家繼承家業，再過幾年，發現大家都不可思議地朝著自己喜歡的方向前進，並且看見那些始終在自己熱愛事業上奮進的人，獲得了成功。

與其上了年紀才開始做想做的事，年輕時就去做反而更能發揮，這是不言自明的道理。我一直認為應該讓孩子十幾歲時就開始思考自己未來的路，不要用成績、薪水多寡或是人際關係左右他們人生的選擇。如果社會能創造出這樣的制度，相信每個人都能發揮所長，找到自我的價值。

美國社會因為有這樣的制度，所以即便是大學的中輟生也能藉由成立新創公司獲得成功，在美國只要擁有創造力與實力，每個人都可以實現自己的夢想，那是一個人人皆能獲得機會的社會。

　　利用網路創業的美國大學生與研究生正在急速增加，有趣的是，私人企業的民調顯示，這些學生中約有七成的人都肯定地回答：「我總有一天會成為億萬富翁。」

　　看準這樣的趨勢，紛紛將學校的管理方針轉向「認可校內經營活動」的學校已逐漸增多。據說「年輕經營者」的年齡甚至降低到剛入學的十八、九歲左右。日本雖然有一部分的大學鼓勵這樣的創業風氣，不過相信多數的大學還是認為「學生不該在學習殿堂中賺錢營利」。

　　在這樣保守的思想還在蔓延中的此時，我認為目前的日本還不可能發展出新創公司的風氣。

― 用金錢衡量價值的險峻世界

　　不知道為什麼，日本學術界向來看輕金錢，社會上也很忌諱以金錢衡量事物，有些令人無可奈何。日本自古就重視武士精神，認為人即使貧窮也要有骨氣，但這樣的觀念只要還殘存日本的一天，社會就很難進步，也會造成日本國際化的阻礙。

　　舉例來說，在日本，國立大學內部的教職員直到二○○○年四月之前，都被禁止在外部企業兼差，就算大學裡的學者開發出非凡的技術，有企業想要買下這項技術，但這位學者也無法從中獲得任何利益，因為校內的研究者頂多只能進行「學術研究」，絕對不能「追求利益」。

　　直到最近，在日本的大學裡才出現「總裁教授」，但相較於美國，日本的大學實在落後太多了。

　　在這一點，美國大學有非常明確的方針。比起諾貝爾獎，美國人更重視實際利益，能夠籌措到多少研究費才是他們最重要的考量。想要順利取得軍方的大筆預算，也必須準備完善的研究計畫書，與企業簽訂各式各樣的契約。

　　因為在美國，學生與教授都能成立新創公司，這些公司的發展自然是大家關心的焦點。因為如果公司成功崛起，就會有大量資金湧回大學，這正是美國興學的機制。

　　換句話說，師生可藉由這樣的方式籌措所需的研究經費，教授也必須對金錢運用有敏銳的觸覺，對現實世界的動向瞭如指掌。事實上，我來到美國任教後，強烈感覺到自己很像企業的社長。然而，日本的教授向文部省申請研究經費後，只要專心研究就能坐領薪資，甚至不時抱怨研究經費分

配不公，比起美國，日本的研究環境實在太過封閉了。

　　反觀美國，新創公司一旦獲得成功，原本一貧如洗的學者就能搖身一變成為億萬富豪，回饋大筆資金給母校，讓學校順利運作下去。

　　因此，我才會說美國是競爭激烈的現實戰場。缺乏實力的學者不僅終其一生無法致富，也不會有學生拜師旗下，反之，成功的學者就能得到相對等的巨額報酬，所以，即使是學術界，也存在著美國夢。

― 眷戀就無法繼續前進

　　那麼，研究者與商人如果想要獲得正確的評價，應該怎麼做才好？為什麼在日本沒有像這樣給予大眾評價的機制呢？

　　我認為最大的原因在於日本人都不想把工作辭掉。無論是研究員或是公司員工，一旦進入了公司，不管發生什麼事都不想要輕易遞出辭呈，而這並不是一個好現象。

　　只要看看美國或是歐洲的職業運動選手就能明白。他們

絕對不會想要一輩子都待在同一支隊伍裡，而是經常離開原本的隊伍，跳槽至其他能給予更優渥報酬的東家。

在挖角的過程中，如果開出的酬勞不足以吸引他們離開原先的隊伍，就會再開出更高的金額吸引選手跳槽。

如此一來，具有雄厚實力與高度人氣的運動選手，都能在每一次跳槽的過程中提升自己的身價。

在美國，研究者也能同樣享有這樣的待遇。有實力的研究者基本上不會在同一個地方工作五年以上，在五年之內就會跳槽到條件更好的研究機構或公司行號，因此，研究者與運動選手一樣，只要每辭職一次，就能獲得更高的簽約金。

而日本的技術員與研究者的地位始終無法向上提升的原因，就在於日本沒有像美國一樣的機制。研究者牢牢依附在大企業、大型研究機構不願離去，因此不管等到什麼時候都無法實現夢想。

而美國的研究者選擇跳槽，一方面當然是受到金錢的吸引，另一方面是因為想要接受全新的挑戰，換句話說，是為了接受新的挑戰與美國夢而轉換跑道。

所以我才會一直鼓勵大家，如果是真正有實力的話就趕緊辭掉現在的公司或研究機構！

　　我的研究室裡就有一位辭掉日本知名電機大廠的學生。他原本是以研究員的身分來到史丹佛大學留學，在留學的過程中發覺自己無法滿足停留在日本企業的體制內，想要在更寬廣的舞台上試試自己的實力；而他的目標當然也是成立新創公司。

　　我也認為胸中有遠大志向的人就應該辭掉無法成長的工作，前往廣闊的新天地盡情去做想從事的研究，充分發展自己的能力，相信總有一天可以實現夢想。

― 正因為有所堅持，才能開創美好未來

　　自從來到美國後，我便開始從事氮化鎵相關的研發工作，不過，要是問我接下來想要研發什麼，現階段的我其實還沒那麼明確的目標。

　　就如同我在開發藍色發光二極體時，我想要讓自己重新歸零，從頭開始從事某項新的研發工作，而我現在還尚未決定那個終點究竟是什麼，因此會是一項艱鉅的挑戰。

　　這完全是一場從零開始的挑戰，不過我至始至終都深信，我從事的並非學術研究，我的最終目標是要打造出嶄新的產品，這點我始終不曾改變。

　　我對自己要做的事很有自信，相信只要花上五、六年的時間，我一定可以做出新東西。

　　因為我曾經有過從泥沼中奮力向上的經驗，只要對於研究開發抱持堅決戰鬥的心態，就一定可以辦到。我要發揮我的奮戰精神以及與生俱來的強烈意志，追求心中理想的美國夢。

　　在這個過程中，若是能獲得諾貝爾獎的殊榮，我當然會非常高興，但是對我來說，我的目的始終都是追求美國夢，獲頒諾貝爾獎只是其中的過程之一而已。

　　我同時也希望，能夠再一次感受到完成藍色發光二極體時的感動與喜悅，在那無盡的晦暗中，驚見宛如螢火蟲般的藍白色光芒，而那道光芒正是我日以繼夜追求的目標。

NEXT 0221

我的思考，我的光：諾貝爾獎得主中村修二創新突破的7個思考原點

作　　　　者——中村修二
譯　　　　者——林慧雯、陳柏傑、郭介懿
主　　　　編——黃安妮
封面暨內頁設計——莊謹銘
內頁照片提供——達志影像公司
責任企劃——張媖茜

董事長——趙政岷
出版者——時報文化出版企業股份有限公司
　　　　　　108019台北市和平西路3段240號3樓
　　　　　　發行專線—（02）2306-6842
　　　　　　讀者服務專線—0800-231-705・（02）2304-7103
　　　　　　讀者服務傳真—（02）2304-6858
　　　　　　郵撥—19344724時報文化出版公司
　　　　　　信箱—10899台北華江橋郵局第99信箱
時報悅讀網—http://www.readingtimes.com.tw
電子郵件信箱—ctliving@readingtimes.com.tw
法律顧問——理律法律事務所　陳長文律師、李念祖律師
印　　　　刷——紘億彩色印刷有限公司
初版一刷——2015年7月24日
初版六刷——2021年3月26日
定　　　　價——新台幣320元
版權所有 翻印必究（缺頁或破損的書，請寄回更換）

時報文化出版公司成立於一九七五年，
並於一九九九年股票上櫃公開發行，於二〇〇八年脫離中時集團非屬旺中，
以「尊重智慧與創意的文化事業」為信念。

我的思考,我的光:諾貝爾獎得主中村修二逆轉人生的7個思考原點 /
中村修二著；林慧雯,陳柏傑,郭介懿譯.-- 初版.-- 臺北市:時報文化,
2015.07
　　面；　公分.--(NEXT 叢書)
　ISBN 978-957-13-6328-8(平裝)
　1. 成功法 2. 思考
　177.2　　　　　　　　　　　　　　　　104011722

ISBN：978-957-13-6328-8
KANGAERU CHIKARA, YARINUKU CHIKARA WATASHI NO HOUHOU by Shuji Nakamura
Copyright © 2001 Shuji Nakamura
All rights reserved.
Original Japanese edition published by Mikasa-Shobo Publishers Co., Ltd.
Traditional Chinese translation copyright © 2015 by China Times Publishing Company
This Traditional Chinese edition published by arrangement with Mikasa-Shobo Publishers
Co., Ltd., Tokyo, through HonnoKizuna, Inc., Tokyo, and Bardon Chinese Media Agency